世界一安全で親切な国日本がEUの轍を踏まないために

Immigrants Refugees

The reality of Germany and Europe, 2011—2019

川口マーン惠美

移民 難民

ドイツ・ヨーロッパの現実 2011—2019

グッドブックス

世界一安全で親切な国日本が
ＥＵの轍を踏まないために

移民 難民

ドイツ・ヨーロッパの現実 2011―2019

まえがき

二〇一五年九月、中東からドイツに怒涛《どとう》のように押し寄せた難民の写真が、世界を駆け巡った。しかし、やはり中東は日本からは遠い。たいていの日本人は難民と聞いても、自分とは関係のないことだと思っている。

ＥＵでは、すでに二〇一一年ごろ、難民問題が深刻になっていた。だから私はかなり前からよく、講演会などで難民問題をテーマとして取り上げていたのだが、「朝鮮半島で有事があれば、日本にも難民が押し寄せますよ」と話しても、聴衆は誰もピンときていなかった。

「有事って何？」と思っている人もいれば、「日本海は波が荒いからボロ船では越えられない」と言う人もいた。それに、たとえ難民申請がなされても、違法難民のそれは却下すれば問題はないというのが、ほとんどの人のとりあえずの反応だったといえる。日本が海で守られているという感覚は、今も日本人の心を支配している。

しかし、ＥＵに押し寄せている難民たちも、実は、自力で地中海を渡ってくるわけではない。オレンジ色の救命ベストを着て小さな木造船にすし詰めになったり、それどころか、ゴムボートの縁にずらりと馬乗りになったりしている難民の写真を見れば、彼ら自身も、まさか地中海を越えられると思っていないことは歴然としている。これは、沖に出れば速やかに救助されて、ＥＵに運んでもらえることが前提となっているのだ。

もう少し詳しく言うなら、彼らは密航斡旋業者に大金を支払い、木の葉のような船に乗り込まされる。怖くないはずはないが、他の選択肢は閉ざされており、犯罪者の甘言を信じるほかはない。もちろん、救助されなければ海の藻屑《もくず》となる可能性は高い。

救助は、以前は偶然通りかかった商船や漁船、ＥＵの国境警備隊などが行ったが、今では、民間船は難民を助けて連れてくると密航幇助《ほうじょ》に問われるようになったため、救助できない。そこで、その代わりに大活躍しているのがＮＧＯの船だ。

大型で立派な船も多いところを見ると、このＮＧＯの「遭難救助」活動の裏には、それをちゃんと経済的に援助している人たちがいるようだ。「救助」に際して、ＮＧＯと犯罪組織が連携している可能性も疑われている。いずれにせよ、ＮＧＯの船はあたかもシャトル便のように、救助した難民をせっせとイタリアやマルタに運んでくる。

つまり、これと同じことは日本海でも容易に起こりうる。自分の国に愛想を尽かした人々が船を調達して沖に漕ぎ出せば、どこかのＮＧＯが彼らを救って日本に運んでくるようになるまでに、さして時間はかからないはずだ。日本海はあっという間に難民船がたくさん浮かぶようになるだろう。

日本海で漂流している人たちを日本政府が放ってはおけるわけはなく、まずは助けて、上陸させることになる。海には塀は作れないから、その数は雪だるま式に増えていくだろう。私は、おそらく自衛隊が船を出し、かなり遠海で漂流している難民も助けにいくようになると思っている。

ただ、問題はそのあとだ。難民がパスポートを持っていることは稀なので、身元の確認もできないし、本当に難民であるかどうか、確かめるすべもない。現在の国際的な取り決めでは、主に、政治的に迫害されている人たちが難民として庇護される。身元の確認のできない人間を受け入れるというのは、リスクが高い。それは、中東難民に国境を開いたドイツが証明している。

当時のドイツでは、到着する難民があまりにも多く、難民資格のある人とない人を区別できないまま、自己申告の通りにどんどん入国させた。その際、シリア人、アフガニスタン人は、政治亡命が認められやすかったため、他の国から来た経済難民までがシリア人やアフガニスタン人に化けた。それどころか、テロリストも入国したので、そのあとEUのあちこちで無差別テロが起こった。ある国の治安を乱し、弱体させたければ、早い話、難民を大量に送り込めばよい。

将来、もし、日本に難民が流れ着き、政治亡命を申請するようになれば、その中に多くのニセ難民が混じることは容易に想像できる。中国人や韓国人は真っ先に便乗するかもしれない。反日の不穏分子も来るだろう。それでも日本政府は全員を受け入れ、衣食住、医療、教育など、すべてをとりあえず引き受けることになる。

では、そのあとはどうなるのか？　審査に落ちた人の母国送還は口で言うほど簡単ではない。まず、母国が特定できなければならないし、しかも、その母国が入国を認めなければ成立しない。なお、これまでの私は、有事は朝鮮半島で起こると確信していたのだが、今となると香港も危ない。今後の中国共産党の出方次第で、香港難民が発生する可能性はかなり高いような気がする。ＥＵの場合、難民問題には、一応二八ヵ国が協力して立ち向かっているが、日本がそのような難事に見舞われたとき、助けてくれる国はあるのだろうか。

本書では、二〇一二年ごろからのＥＵの難民の動向を振り返り、ＥＵ各国の対応の違い、そこから起こったＥＵ内の対立について記した。難民問題は、日本にとってもけっして対岸の火事ではないことを読者に知ってもらうことが目的だ。

一方、移民のほうは、日本でもかなり関心が持たれている。多くの業者は深刻な人手不足に悩んでおり、労働力調達は日本経済にとっての死活問題となりつつあるから当然だろう。今年（二〇一九）四月には、新しい移民法もできた。

移民は、送り出し国と受け入れ国の両方に、メリットとデメリットを与える。五十年も前に、最初はイタリア、ポルトガルなど隣国から、そのうちトルコや旧ユーゴスラビアから と、大量の移民を入れ始めたドイツは、経済的には大発展したが、一方で、治安の悪化、社会保障費の増加、伝統の破壊など多くの問題にも見舞われた。その多くは、日本人には想像もできないような深刻さだ。これらドイツの現状を知ることは、日本の未来の移民政策にとって大いに参考になるだろう。

なお、私はつい最近まで、移民と難民は別物だという認識だった。どちらも外国人だが、定義も違うし、ステータスも違う。同列に並べるのはおかしいと思っていたのだが、最近、その確信が揺らいでいる。というのも、難民として入った人は、ほとんど出ていかないからだ。つまり、いったんEUに入った難民は、いずれ移民となる可能性が非常に高い。だからこそ今や産業界は、移民だけでなく難民をも将来の労働力とみなしているようだ。しかも、使えない難民の面倒は国が見るのだから、難民は増えれば増えるほど、産業界はメリットだけを享受できると思っているのではないか。

今までの常識からいうと、難民失格者と労働移民の混同は、入国管理上の禁じ手である。そもそも密航し、しかも正式な難民資格を取得できなかった難民までもが、いつの間にか合法の移民として認められるなら、密航はしたほうが得ということになる。これでは、国境侵犯は永久になくならないし、海の藻屑となる人も減らないだろう。

しかし、今のＥＵには、その矛盾を覆い隠してでも移民を入れようとしている国と、移民は自国の主権で制御したいという国が混在している。前者の、何が何でも移民を入れたいという国の先鋒がドイツだ。ドイツの外国人の割合は、年々高くなっており、今や五人に一人は外国人、もしくは外国系だが、それでもまだまだ足りないといわんばかりだ。

ＥＵの理念は「一つのヨーロッパ」。原則として圏内での往来は自由なので、ドイツが入れた移民は国境を越えて移動できる。そのため、それを嫌う他の国々との間に軋轢《あつれき》が生じている。ドイツであぶれた質の劣る移民が自国に入ってくることを警戒している国は多い。デンマークは、二〇一五年秋に復活させたドイツとの国境での審査を今も続けているし、イギリスがＥＵからの離脱に踏み切ったのも、元はといえば、増えすぎた難民と移民に国民が反発したことが原因と言われる。今やＥＵはてんでんバラバラだが、対立がここまで広がり、亀裂がここまで目に見える形となった直接の原因は、間違いなく難民と移民だろう。難民は外から、そして、移民は中からEUを揺さぶっている。

日本でもすでに移民の導入を巡って、国民の意見が分裂している。しかし、EUで起こっているさまざまな移民問題の実態を知れば、少なくとも、同じ轍は踏まずに済むかもしれないと思う。あるいは、問題を小さくすることぐらいはできるのではないか。そこに希望を託して本書を著した。


なお、本書では、移民のもたらす問題を詳しく書き並べたが、誤解のないように最初に申し述べておけば、私は、日本は将来、移民の導入を避けては通れないと思っている。外国人なしで必要な労働力を確保できればそれに越したことはないが、今の日本はどう考えても無理だ。五十年前の経済成長期にできたからといって、今、またできるとは思えない。だったら、なるべく双方に利益をもたらす最善の受け入れ方を模索すべきだろう。

労働力の確保は、あらゆる産業国にとって、豊かに生き延びるための必須条件だ。だからこそ、ドイツは労働者の枠を、今後は中東やアフリカにまで広げようとしている。では日本はどうするべきか？　この弱肉強食の過当競争の世界で、どうやって生き延びていけばよいのか？　自国のことばかり考えて外国人を導入すれば、彼らの母国に対する搾取ともなりかねない。労使双方、そして、受け入れ国と送り出し国の両方に利益をもたらす形での労働力の移転というのは、これからの重大な課題である。それにもかかわらず日本人の頭の中は、労働力確保だけでなく、エネルギーや国防といういちばん大切な要素が欠けているように感じられて、とても心もとない。

日本は、今こそが正念場だ。グローバリズムの荒波をどうにか乗り越えていくには、皆が状況の深刻さを理解しなければならない。難民・移民は、今後、重要なキーワードになり、日本にメリットとデメリットをもたらすだろう。デメリットのほうが勝ってしまわないよう、皆で意見を出し合わなければならない。本書がそのためのフォーラムの形成に役立つことができればと、私は淡い期待を抱いている。

秋晴れのライプツィヒにて

川口マーン惠美

移民 難民 ドイツ・ヨーロッパの現実 2011~2019　もくじ

第二章　ＥＵが大混乱に陥った二〇一五年秋

第三章　難民は誰がつくったか

第四章　大きく変わったドイツの風景

第五章　難民移民が犯罪者になる

第六章　難民と移民がドイツを分断する

第七章　ＥＵが夢から悪夢に変わるとき

第八章　日本が移民大国になる日

第一章

難民と移民がＥＵを壊す

ヨーロッパの隣人が唖然としたドイツの熱狂

二〇一五年九月八日、中東からの難民が津波のように押し寄せて、ドイツ国内が騒然としていたちょうどそのころ、ドイッチュランドフンク（国営ラジオ）がイギリスの政治学者アンソニー・グリース氏に電話インタビューをした。

氏は、「目下のところイギリス国内では、ドイツ人は理性を失ったという印象が支配的だ」と語った。ドイツが「ただ感情のみに操られるヒッピー国家」になってしまったとする氏の指摘は衝撃的だった。

この年、ドイツに入った中東難民の数は、一〇〇万とも一一〇万ともいわれた。その後、八九万と修正されたが、実は、正確な数字は今も分からない。さらにいえば、彼らが本当に中東難民であったかどうかも分からない。おそらく永久に分からないだろう。

グリース氏の言うとおり、確かにあのころは、多くのドイツ人が、ようやく難民に手を差し伸べることができるようになったと安堵し、心地よい感情に身を任せていた。というのも、難民問題は何もこのとき始まったわけではなく、すでに長いあいだ、心あるドイツ人にとって憂鬱の種になっていたからだ。

シリアの内乱が始まった二〇一一年ごろ、中東では多くの人が戦乱を逃れるため、堰を切ったように移動しはじめた。その後、ＩＳ（イスラム国）やボコ・ハラムなど過激なイスラム武装組織が勃興したこともあり、中東の人々の逃走にはさらに弾みがついた。

中東もアフリカもヨーロッパからはそれほど遠くない。ニュースでは悲惨な映像がしょっちゅう流れ、難民の動向はいやでも耳に入った。つまり、ドイツに住んでいれば、すべてではないにしろ、おおよそＥＵの外側で何が起こっているかは想像できた。

シリアでは何十万もの命が失われ、中世の面影を残す多くの美しい都市が破壊された。二〇一二年、シリア最大の都市アレッポでは、十世紀から聳《そび》え立っていた堂々たる城が攻撃を受け、世界最大規模と言われた歴史的なスーク（市場）は消えてしまった。それに加えて、さらに二〇一四年、アフリカのナイジェリアでの、ボコ・ハラムによる女学生二〇〇人余りの誘拐が報じられた。

当時、それらの映像を見て、心の痛まなかった人はおそらくいなかっただろう。皆がその残忍さに驚愕し、心の中で自分は何もできないという焦燥感のようなものを膨ませていた。当時、ドイツ国民が難民を助けたいと願ったのは、まさに正直な気持ちだったと思う。だからこそ、ハンガリーからの難民が到着しはじめたとき、多くの市民がミュンヘン中央駅に駆けつけ、歓迎の意まで表したのだった。

しかし、ここに勘違いがあった。当時、ドイツは中東難民に国境を開いただけで、何か根本的な、解決の糸口のようなものを見つけたわけではけっしてなかった。なのにドイツ人は、あっという間に、自分たちはヨーロッパ一の人道的な国民という錯覚に陥り、また、国内メディアもいわゆる国民の高揚感を煽《あお》るような、自画自賛の報道に明け暮れた。ドイツ人は集団で激しい自己陶酔に耽《ふけ》っていた。そして、この様子がヨーロッパの隣人たちを唖然とさせたのである。

メルケルのスタンドプレー

では、政治家はどうだったのか？　政治家は感情に流されるべきではない。しかし、不思議なことに、このときドイツでは、多くの政治家までがこの雰囲気に呑まれた。あるいは、呑まれるふりをすることで国民の支持を得られそうだという思惑もあったかもしれない。

いずれにしても、このとき率先して国民の気持ちを煽ったのが、ドイツ政府の頂点に立つ人物、メルケル首相だった。「私たちにはやれる！」という彼女の言葉は、何か明るい響きをもって世界を駆け巡った。しかし、誰が「私たち」であるか、そして、その私たちが「何を」やれるのか、分かっていた人はいたのだろうか？　しかも、この独断的な難民の受け入れは、それまでEUの要となっていたシェンゲン協定や、難民問題について定めたダブリン協定とは、まったく相性の悪いものだった（それについては後述する）。

しかし、当時、この前のめりの楽観主義にブレーキをかけようとした者は、あっという間に「反人道的」というレッテルを貼られた。難民は善人で、難民受け入れはドイツ人の善意の証《あかし》だった。そうするうちに、難民受け入れが、あたかもＥＵのとるべき正しい難民政策であるかのような雰囲気が生まれた。

ただ、当然のことながら、とめどない難民の流入は、まもなくＥＵ内の元々の住人に不安をもたらすようになった。ドイツ主導のＥＵの難民政策に対する不満が膨張しはじめたのだ。たとえば東欧諸国では、ＥＵに対するアンビバレントな態度が固定化し、イタリアやギリシャでは激しい反ドイツ感情が生まれた。その後、イギリス国民の気持ちがＥＵ離脱に向かって暴走したのも、究極的には、彼らの長年のＥＵに対する不満に、このメルケル氏のスタンドプレーが拍車をかけたからだと、私は思っている。

メルケル首相が大量に招き入れた難民たちは、結果的にはドイツだけでなく、ＥＵ全体を混乱させてしまった。ひと言でいうなら、難民が外からＥＵを壊しはじめ、そして、のちに触れていく移民の存在が、内からＥＵを壊しつつあるというのが、私の見る現在のＥＵの状況だ。

では、この事態を招いたメルケル首相の意図はどこにあったのか。

彼女はＥＵの規則を無視してまで難民を入れ、しかも、その後も長らく、入国する難民の数を制限すべきだという四方八方からの進言を、断固拒否し続けた。それはいったい、なぜだったのか？

メルケル氏は愚かな政治家ではない。あの状況で国境を開けばどうなるかは、絶対に分かっていたはずだ。牧師の娘だから、シリア難民の惨状を見ていられなかったのだという意見もいまだに根強いが、これまで氏の行ってきた政治を見ている限り、氏と「情に流される」という言葉は、無縁としか思えない。

メルケル氏は、優柔不断だとか、自分の意見がないとか、風見鶏のようだという非難もよく受ける。これは確かに当たっている場合も多いが、しかし、どうしても貫きたいことがあるときは、彼女はけっして優柔不断ではない。

かつて、献金スキャンダルで非難の矢面に立たされていたコール前首相をCDU（キリスト教民主同盟）党首の座から引き下ろしたのは、若きメルケル氏だった（当時の政権はSPD・ドイツ社民党で、首相はシュレーダー氏）。

一九九九年のクリスマスの直前、彼女はドイツの一流紙である『フランクフルター・アルゲマイネ』紙に、コール批判論文を寄稿した。その行動が、行き詰っていた党の流れを一新し、コール氏の党首辞任とCDU再建につながっていったのだが、この重要な寄稿を、メルケル氏は独断で行ったと言われている。事前に漏れれば、さまざまな反対のあることが確実だったからだ。そして、これによって彼女はＣＤＵを救い、結果として数多《あまた》のライバルを振り切り、自らが党首の座に就いたのである。

それから十六年後の九月五日未明、難民にドイツ国境を開こうとしたメルケル首相は、隣国オーストリアのファイマン首相（当時）に電話をし、許可を取った。なぜなら、ハンガリーで溜まっていた中東難民がドイツに入るには、オーストリアを通過しなければならなかったからだ。ファイマン首相は、ドイツが難民を受け入れるならと、メルケル首相の要請を受け入れ、自国内の通過を許可した。そして、その数時間後、国境は開放された。

そして、このときもやはり、この重要な決断をメルケル氏は一人で行った。議会も通さず、閣議で検討することもなかった。あとで述べるダブリン協定やシェンゲン協定の問題があったため、公に議論したなら、国境開放ができなかった可能性は極めて高かったはずだ。

しかし、なぜ？　現在にまで尾を引くＥＵの混乱の原因を、なぜ彼女はわざわざ作ったのか？　そこにはどんな理由があったのか。

難民はどこから来たか

難民問題を語るとき、整理しておかなければならない点がある。現在、ＥＵで問題になっているのは、アフリカ大陸から地中海を渡ってくるアフリカ難民と、主にシリア内戦で発生した中東難民で、それぞれ異なったルートを通ってくる。

アフリカ難民は、地中海を渡り、イタリアやスペイン、あるいはマルタなどに着くため、直接ドイツに入ることは稀だ。もちろん、そのあと自発的にドイツがそれらの難民を引き受けたり、また、難民が勝手に国境の警戒線を突破して、ドイツに到達したりということはありうるが。

一方の中東難民は、トルコ、ギリシャを経て、バルカン半島を北上し、陸路でＥＵに入る。トルコとギリシャのあいだはエーゲ海だが、距離は短い。このバルカンルートでやって来る難民の数が、二〇一五年の九月、ドイツが受け入れを決定したせいで爆発的に増えたことはすでに記した。だから、現在ドイツで難民といわれているのは、主に後者の中東難民のことである。

とはいえ、地中海ルートにせよ、バルカンルートにせよ、ＥＵにたどり着いた難民は、いくら数が多いといえども、世界全体から見れば氷山の一角だ。話をシリア内戦の勃発後だけに限ってみても、このころ、すぐさま多くの中東難民がＥＵに向かったわけではなかった。たいていの難民は、逃げたとしても依然として中東を離れられずにいた。

キャンプを目指してさまよう子連れの難民

二〇一二年十二月、ｎ‐ｔｖが、当時のドイツの開発相がレバノンの難民キャンプを視察した時の様子を取材し、「難民の子供たちの苦しみ　寒さと戦う難民」という記事にしている。

「キャンプに収容されている子供たちについては、国際的なＮＧＯ『ＳＯＳ子供の村』が援助を強化するが、本格的な冬はこれから始まる」という内容だった。中東の冬は雨が降り、零下になることもある。キャンプにはぬかるみを防ぐため、一面砂利が敷き詰めてあった。そこで活動している「国境なき医師団」がさらなる援助を要請し、ドイツ政府が援助金の増額で対応しようとしていた。しかし、その周辺では、さらにおびただしい数の子連れの難民が、このキャンプを目指してさまよっていた。

また、二〇一四年十月九日付の『ツァイト』紙のオンライン版は、「逃避中」というタイトルの記事の中で、「国連の難民高等弁務官事務所によれば、二〇一三年は、全世界で五〇〇〇万人が故郷を追われた」と記す。

いちばん多いのはやはりシリア人で、そのうちの一一五・一万人がレバノンに、一〇二・九万人がトルコ、六一・九万人がヨルダン、そして、二二・五万人がイラクに逃げた。

しかし、今なお自国内で逃げ惑っている難民も多いという。

同紙の二〇一五年五月十日付の記事は、「国家はどこまで耐えられるか？　たとえばレバノン」というタイトルで、国の人口の三分の一の難民を受け入れているレバノンの様子を伝えている。

「レバノンのシリア難民はすでに一二〇万人を超え、人口四〇〇万人のレバノン人口の三割となった。あまりの密集のため、キャンプは機能せず、食料も不足がち。限界の中で、受け入れるほうも、受け入れられたほうも、どうにかやっている。難民は自分たちが生き延びることで精一杯で、地中海で溺れている同胞のことなど考える余裕もない」

この場合の地中海というのは、中東難民の避難ルート、トルコからギリシャの島に渡る際のエーゲ海のことを指す。

付け加えるなら、当時、パキスタンにも、隣のアフガニスタンからの難民が、一六〇万人も逃げてきていた。おそらく今もいるだろう。一時、平和に見えたアフガニスタンは、タリバンの復活でテロが頻発し、とにかく政治も治安も麻のごとく乱れている。

また、イランからも、こちらは政治的、宗教的な理由で、多くの国民が脱出を図っていたし、イラクも同様だった。つまり、以上が主な中東難民で、その数は急激に増えていた。

二〇一三年、ドイツで提出された難民申請の数は、十二万七〇二三件だった。前年に比べて倍増していたので、ドイツ国民はもちろん難民の存在を知ってはいたが、しかし、まだ日常生活で実感するというところまでは行っていない。つまり、脅威を覚えるほどの勢いではなかったといえる。

国連の配給食だけで命をつなぐ人々

一方、アフリカ大陸の事情は中東とは異なる。ここは難民の老舗のような場所で、シリアのような目下の時局のせいではなく、それこそ何十年も前から難民が恒常的にいた。ソマリアはすでに二十年以上も無政府状態だし、エリトリアは法律もないまま、激しい弾圧が行われていた。中央アフリカ、コンゴ、南スーダンなども同様で、人々は国家の保護を受けないまま、途方もない貧困と暴力と不条理の中で暮らしていた。

言い換えるなら、アフリカ大陸では、政情の落ち着いている国を見つけるのが難しい。二二ヵ国に二〇〇もの難民キャンプがあり、そこには、国連の世界食糧計画の配給する食糧だけで命をつないでいる人たちが二四〇万人もいた。当然、難民キャンプで生まれ、それしか知らないという若者たちも少なくなかった。彼らに帰る場所はなかった。そのうえ昨今は、ＩＳやボコ・ハラムといった新生のイスラム過激派が、そこで暮らす人々の困難に、さらに拍車をかけていた。

どこにおいても、富裕層は騒乱になると、さまざまなコネを使って早々と国を離れる。そして、残された貧しく弱い人たちが、戦乱に巻き込まれ、抑圧され、あるいは旱魃《かんばつ》に見舞われ、病気にさらされ、結局、二進《にっち》も三進《さっち》もいかなくなり、着の身着のままで、近隣の難民キャンプにたどり着いた。

そういう難民の写真からは、もろに悲惨な様子が伝わってきた。ひたすら疲れ切り、おそらく身体など何週間もろくに洗っていない。特に子供を抱えている女性などは、こちらが圧倒されるような絶望感を漂わせていた。

不法入国を斡旋する〝ビッグビジネス〟の登場

二〇一一年ごろから、私はかなりの情熱をもって、難民についての報道を追っていた。難民問題は近い将来、ＥＵのとてつもない大問題になると確信していたからだ。さらに言うなら、私は、日本にもいずれこのような難民の波が押し寄せるのではないかという懸念も持っていた。そこで、ＥＵの難民問題をできるだけ詳細に日本へ伝えようと、ことあるごとに難民をテーマとして取り上げた。だから、昔のレポートを読み返すと、ドイツ国民の難民に対する気持ちや、難民をめぐる空気が、少しずつ、あるいは、時に急激に変化していく様子がよく分かる。

二〇〇七年当時、海を渡ってＥＵにやって来る難民は、まだ少なかった。距離が短く、かなり成功率の高いトルコ－ギリシャ間の渡航でさえ敬遠されたらしく、それを含むルートを利用した人は七〇〇〇人にも満たない。

ましてや、北アフリカのチュニジアやアルジェリアなどからのルートとなると、いちばん近い島を目指すとしても外洋に出なければならず、危険すぎて普通の難民の選択肢には入っていない。あえてその危険を冒し、チュニジアからイタリアに到達した難民は、二〇〇七年、一〇〇〇人にも満たなかった。

ところが、二〇一四年には、チュニジアやアルジェリアだけでなく、モロッコ、リビアなどからも、八万人近い難民が、その危険なルートを使ってヨーロッパに入りはじめた。これは、けっして偶然ではない。ちょうどこのころ、難民のＥＵへの不法入国を帮助する国際犯罪組織の活動が、大々的に軌道に乗ったことを意味する。

本来なら、ＥＵへの移住など、夢のまた夢だ。中東やアフリカの人々がＥＵの入国ビザを手にする可能性など、皆無といってもよかった。

ところが、犯罪者たちは、生活に絶望していた人々に、「ＥＵに行けば仕事がある」という甘い言葉を吹き込んだ。素朴なアフリカ人たちはそれを信じ、全財産を売り払い、あるいは、親戚からお金を借りて犯罪者に貢《みつ》ぎ、希望と不安を胸に故郷をあとにした。こうして始まった難民の旅は、払った金額に応じて、比較的快適になったり、悲惨で危険なものになったりした。

当時の拙コラムから、その様子を記した部分を少し引用したい（二〇一三年十月掲載）。

数百もの溺死体が浮かぶ地中海

イタリア地中海に浮かぶランペドゥーサ島から目と鼻の先で、アフリカの難民五〇〇人余りを乗せた船が沈没した。ランペドゥーサ島はシチリアよりもチュニジアに近い（一三八キロメートル）ため、アフリカ難民の格好の目的地だ。

島にかなり近づいたとき、船がエンジントラブルを起こしたため、助けを求めようと、難民の誰かが毛布に火を点けた。その火がたちまち火災を引き起こし、船が沈没したという。難民のほとんどはソマリア人とエリトリア人だったが、アフリカやアラブの人たちは、泳げない人がほとんどなので、船もろとも、大半が暗い海に沈んでしまった。どうにか浮かんでいて救助されたのは、たった一五五人だ。

ニュースの映像では、引き揚げられた何百もの遺体がビニールにくるまれて、港に並べられていた。そこへ、さらにどんどん運ばれてくる溺死体。あまりの惨状に、泣きながら死体を運んでいる人の姿もあり、見ているだけで胸が詰まった。難民ボートの事故としては、今までで最大であるという。

しかし、真の悲劇は、今回の被害の大きさではなく、地中海ではこれと同じことが常に起こっているということだ。アフリカ大陸の、貧困、内乱、干ばつなどで絶望した人たちは、藁にもすがる思いでヨーロッパの地を目指して、おんぼろボートに乗り込む。二〇一一年は〝アラブの春〟の影響もあり、人口四五〇〇人のランペドゥーサ島に、四万八〇〇〇人の難民が流れ着いたという。

しかし、流れ着かなかった人も少なくないはずだ。今回の遭難も、遠いところで起こっていたら、誰も知らないままに五〇〇の命が海の藻屑と消えていた可能性は高い。そういえば、スペインのカナリア諸島には、ツーリストのいる美しい砂浜に、ちょくちょく溺死体が漂着するのである。

船の沈没から四日過ぎた七日の日、沿岸警備隊の潜水夫は、海底に沈んでいる船の中で折り重なっている死体を、今なお、休む間もなく引き上げ続けていた。九日にはその数は三〇〇体を超えた。しかし、まだ全部ではない。お棺が体育館にずらっと並んだ。

九日には、イタリアの首相と共に、ＥＵの委員長バローゾが視察に飛んできたが、島の住人はバローゾ委員長に罵声を浴びせかけた。ＥＵの難民政策に対する非難は

この島だけでなく、今、ＥＵ全体で急速に膨れ上がっている。（中略）

難民の押し寄せてくるルートは、ランペドゥーサ島のほかにも幾つかある。いちばん数が多いのがトルコからギリシャやブルガリアへの陸路を利用する難民。これらの国はＥＵなので、ここに到達すればどうにかなると、皆が考える。このルートで二〇一二年に、三万七二二〇人が不法にＥＵに入った。もっとも、これは把握されている人数であり、実際はもっと多いと思われる。

次が、モロッコからジブラルタル海峡を越えてスペインに入るルート。あるいは、モロッコには、セウタとメリリャというスペインの小さな飛地領が二カ所あるので、ここへの侵入を試みる者もいる。この飛地領は、今では何メートルもの高さのフェンスと鉄条網で、要塞のような厳戒体制を敷いているが、それでも闇夜に乗じて突撃する難民がいる。その様子を写した赤外線カメラの映像を見たが、彼らの必死の姿には胸が痛んだ。ふと、ＥＵはいったい何を守ろうとしているのかという思いが、頭をよぎったものだ。

今やＥＵの塀の外と内では、富の格差があまりにも大きい。貧しい国からＥＵへと、あたかも水が高いところから低いところに流れるように、人間が流れてくる。当然のことながら、ＥＵの外壁に位置する国は、常に国境が侵されている。特にイタリアは前述のように、運が良ければボロ船でも辿り着ける距離だからなおのことだ。

一方、スペインはここ数年、ものすごく警備を強めたため、難民の数は減った。ジブラルタル海峡は幅十四キロほどしかないため監視しやすいということもあり、ハイテク機器や航空機を総動員し、海上で難民船を発見したら速やかに追い返すという方法を取っている。

また、たとえＥＵへの侵入に成功したとしても、彼らがその後、難民として認められる確率は低く、遅かれ早かれ祖国に戻される。その後の彼らの生活は、以前よりもさらに過酷なものとなるだろう。七日、ＥＵの内務大臣が集まって今後の対策について話し合ったが、皆、自分たちにお鉢が回ってくると困るので、難民政策の決定権はＥＵには渡さない。要するに、どの政府もあくまでも逃げ腰だ。

二〇一二年、ドイツは六万四五四〇人の難民を受け入れた。現在（二〇一三年）は、シリア難民が急増しているので、国連のＵＮＨＣＲ（国連難民高等弁務官事務所）の要請で、今年中にあと五〇〇〇人を追加で引き受けることになっている。

ただ、引き受けたあとの問題は山積みだ。住居一つとっても、いざとなると、住民の反対や、難民自身の抵抗などで、あっちでもこっちでも暗礁に乗り上げる。ドイツ国民は、難民は気の毒なのでもっと受け入れろと言いながら、自分の目に触れそうなほど近くに来られるのは嫌なのだ。では、難民はどこへ行けばいいのか？森の中に隠しておくわけにはいかない。（中略）

なお、前記の事故から一週間後の十一日には、再びランペドゥーサとマルタのあいだで難民ボートが沈没し、大がかりな救援活動が繰り広げられた。救助されたのは二〇〇人余りで、死者が三五人。また、十三日の夜中には、ランペドゥーサに一三七人の難民が漂着。地中海では非常ベルが鳴り止まない。

犯罪グループによる人間密輸

リビアはカダフィ大佐の没後、無法地帯と化していたため、違法な船が大量の難民を乗せて堂々と出航しても誰からのお咎《とが》めもなく、まもなくトリポリは、格好の難民輸出港となった。そのうちドイツでは、遭難している難民を、イタリア海軍や、通りがかりの商船が救助したというニュースが、日常茶飯事のように流れるようになった。「人間密輸」は、すでに麻薬や人身売買よりもずっと儲かるビッグビジネスに成長していたのだ。こうして二〇一四年には、危険な地中海ルートでＥＵに到着した難民の数が、十八万人にまで膨らんだ。

しかし、死に物狂いの難民に、ＥＵの甘い夢を見させた犯罪グループが暴利を貪ればば貪るほど、ＥＵに到達する人は増えたが、途中で命を落とす人たちも増えた。それどころか、ＥＵがアフリカ諸国の政府にお金を出し、難民を出させないよう圧力をかけ始めてからは、犯罪組織は難民をさらに危険なルートに誘導するようになった。

ニジェールや、マリや、ベニンからトリポリの港にたどり着こうとすれば、まずはサハラ砂漠を通過しなくてはならない。のちにＥＵの首脳たちは、難民を防ぐためにメキシコとの国境に壁を作ろうとしたトランプ大統領を声高に非難したが、地中海とサハラ砂漠はアフリカ難民にとっての巨大な自然の壁だった。しかも、難民たちの夢がここで潰えたとしても、犯罪者たちはお金を返す義務もなかった。

いずれにしても、ＥＵに入るために必要なのは、お金と体力だった。それは、ＥＵに到達できた難民のほとんどが、若い男性なのを見ればよく分かる。それに比べて、レバノンやヨルダンの粗末な難民キャンプにいる女性や子供たちは、運良く国連が白羽の矢を当ててピックアップでもしてくれない限り、そこを離れることは難しかった。

庇護を必要としている難民を受け入れようとするドイツ人の気持ちに嘘偽りはなかった。しかし、最初のうちは、非常ベルの鳴り響いているのはあくまでもイタリア、あるいはギリシャで、自分たちはそれを、人道の範囲内で支援すればよいと思っていた。この様子は、二〇一二年九月三日付の『ヴェルト』紙の記事、『シリア難民に対するドイツのジレンマ』に如実に現れている

「七月、六〇八人のシリア人が難民申請を提出した。去年の同月比では三倍の増加だ。しかし、この数字なら、まだどうにかなる。一月から七月までに出された二二四六件の申請のうち、政治的に迫害されていたとして認められたケースは一〇〇件にすぎなかったからだ。(中略)もちろん、シリアの内乱が長引き、さらに多くの難民がやってきたときに、ドイツ政府はどう対応すべきかという問題があるが、この件に関して政府の態度は明白だ。ドイツは現地のシリア、およびその周辺での援助を強化するが、難民を大量に受け入れることはしない」

これを読んで興味深いのは、このころのドイツでは、母国で政治的な迫害を受けていたと証明された者だけがドイツで庇護を受けられるという原則を貫くつもりでいたらしいこ

とだ。しかも、難民受け入れにそれほど積極的だったわけでもなさそうだし、受け入れが絶対的な善として扱われていた形跡も見られない。

また、ドイツで難民申請中の彼らが難民として認められたらどうなるのかとか、あるいは、認められなかったら母国に戻るのかといったような具体的な案件も、まだほとんど話題にも上っていなかった。それどころか、困り切って援助を求めてきたイタリアを、当時のデ・メジエール独内相は、「イタリアは試練を受けている。しかし、乗り切れない試練ではない」と突き放している。

なのに、このあと二年も経たないうちに、ドイツは、シリア人、アフガニスタン人、イラク人には、ほとんど無条件に難民資格を与えるようになるのだ。それも、自分はシリア人であると自己申告さえすれば、パスポートを持っていなくてもよかった。いったい、いつ、ドイツ政府はこれほどの大転換をしたのだろう。

レバノンやパキスタンといった貧しい国が、信じられないほど多くの難民に門戸を開いている。だから、ドイツのような世界で有数の豊かな国は、もっと難民を受け入れるべきだと思ったのだろうか。

とはいえドイツのジレンマは、ドイツが豊かで、民主主義と人道を遵守する国であるがゆえに、同じ難民受け入れに途方もなくお金がかかるという現実だ。レバノンやパキスタンのように、茫々たる荒野に国連のテントをずらっと並べて、雨露をしのいでもらえば済むというわけにはいかなかった。

二〇一三年、ドイツで難民申請をした人の数は十二万七〇二三人、十四年が二〇万二八三四人。難民問題の破綻「前夜」だ。

人口八〇〇〇万の国に一年で二〇万の難民が入ってくると、かなりの無理は起こる。財政的な負担もあるが、それ以外にも、さまざまな事務手続き、通訳、翻訳、弁護士、医者、心理療養者、未成年には学校教師など、膨大な人手が必要となる。

だからこそ、難民の処遇をめぐり、一方には、受け入れにブレーキをかけようという人たちがおり、他方には、ブレーキなどかけず、あらゆる努力をして積極的に受け入れようと主張する人たちがいて、常に激しく対峙していた。

しかし、いずれにしても、まだこのころは、一年で二〇万人もの難民を新規に受け入れるためには、よほどの覚悟が必要だというところでは、国民の認識は一致していたのである。

それが唐突に崩れるのは、二〇一五年の九月である。

第二章

EUが
大混乱に陥った
二〇一五年秋

海岸に打ち上げられた三歳児の遺体

波打ち際にうつ伏せに横たわるその男の子は、まるで眠っているようだった。柔らかな光の中、もうすぐ伸びをして起き上がりそうな小さな体。

しかしよく見ると、それはけっして起き上がらないことが分かる。そして次の写真には、トルコの警官がその小さな体をそっと抱き上げて運んでいく様子が写っている。

二〇一五年九月三日。シリアの三歳児の遺体……。

この写真は、見る者の心を強く打った。このころ地中海では、毎週のように悲劇が起きていたのだ。すでに何千、何万という人間が、ヨーロッパに辿り着こうとして溺れ死んでいた。

しかしこの写真は、まるで悲劇には見えなかった。抜けるような青空の下、穏やかな波に洗われて、小さな遺体は静かに砂浜に横たわっていた。そのアンバランスさが見る者を混乱させた。せっかく生まれてきたというのに、この子は世界に裏切られたのだ。

男の子の名はアイラン。シリアのコバニから来た。コバニは、トルコとの国境にあるクルド族の町だ。二〇一四年九月、「イスラム国」がコバニを包囲し、激しい戦闘が始まったため、そこに住んでいた二〇万人のクルド族がトルコに逃げ込んだ。トルコには、この当時、すでに二〇〇万人の難民が避難していた。

アイランの家族は、親戚を頼ってカナダに亡命しようとしたが、カナダ政府は受け入れを拒否した。そこで今度は、エーゲ海を渡ってギリシャ経由で、どうにかしてドイツに入ろうとした。多くのシリア難民が考えることだ。

計画はトルコの沿岸警備隊に見つかって、二度失敗。

ようやく三度目、ギリシャに向かったはずのゴムボートは、しかし、あっという間に波にのまれて沈没した。アイランと兄と母親が亡くなり、父親だけが助かった。

アイランは、自分たちがなぜボートに乗っているかということさえ理解できなかっただろう。なぜ、溺れ死ななければならないのかということも。

ちょうど同じころ、ハンガリーのブダペスト駅周辺には、何千人もの難民が野宿し、ドイツ行きの列車を待っていた。しかし、ハンガリー政府はドイツの許可なしに列車を発車させることはできず、難民の不満は募っていた。しかもその数はすでに膨れ上がり過ぎて、極めて不穏な状況となっていた。

ＥＵには一九九〇年代に定められたダブリン協定というものがある。難民の扱いを定めた協定で、ＥＵの加盟国はそれに沿って難民を受け入れてきた。

ダブリン協定によれば、難民はＥＵ圏に入ったら、最初に足を着けた国で難民申請をしなければならない。しかも、申請できるのはEU内で一度だけだ。また、難民は最初に入った国から他の国へ、許可なく移動することも禁止されている。

もし難民がこっそり移動し、他国で難民申請をした場合、他から来た事実が分かれば、最初に入った国に戻されても仕方がない。なお、母国が安全だと判断されれば、難民申請は認可されない。その場合、原則として、母国に戻らなければならない。

EUは現在、シェンゲン協定によりほとんどの国境を取り払われ、域内では住民も旅行者も自由に移動できるが、それは難民には適用されない。中東難民やアフリカ難民の上陸地であるギリシャやイタリアに、膨大な数の難民が溜《た》まってしまっていたのは、まさにこのダブリン協定の縛りのせいだった。

難民の移動ルート

では、なぜ、二〇一五年九月に難民がブダペストに集まってしまっていたかというと、それは次のような理由による。

中東からの難民は、たいてい、まず陸路でトルコに入る。トルコはイラクともシリアとも国境を接するため、膨大な数の中東難民を抱え込んでしまっていた。難民たちは、今度はそこからギリシャに渡ろうとする。ここで暗躍するのが、密入国を斡旋する犯罪グループである。

　トルコとギリシャのあいだにあるのはエーゲ海だが、トルコから本当に目と鼻の先にある多くの島々が、なぜかギリシャ領なのだ。つまり、ここまでたどり着けばＥＵ。しかも、レスボス島はトルコの海岸から九キロメートル、コス島は五キロメートル足らずなので、海が時化《しけ》ていない限り、エンジン付きのゴムボートでも渡れる。ピーク時は、人口九万人のレスボス島に、一日で五〇〇〇人が漂着したという。前述のアイランは、そこまで行き着かずに、エーゲ海で命を落とした。

　一方、ギリシャの島にたどり着いた難民は、さらにフェリーなどでギリシャ本土へ移動し、念願のヨーロッパ大陸に着地するわけだ。

　ただ、ギリシャに到達した難民をめぐる動きは、ひたすら混沌としていたと思われる。本来なら難民は施設に収容され、そこで登録をして、ギリシャ当局の庇護を受けつつ、正式に難民として受け入れられるかどうかの審査結果を待つはずだが、なかなかそうはいかなかった。特に当時のギリシャは経済状態が悪く、難民どころか、自国民のことにも手が回らず、難民の世話をしていたのは、ＮＧＯなど民間の機関が主だったという。

　そこで難民たちがどうしたかというと、これ幸いと早々にギリシャをすっぽ抜けて、バルカン半島を北進した。彼らの目的地は、どのみちギリシャではなかったからだ。

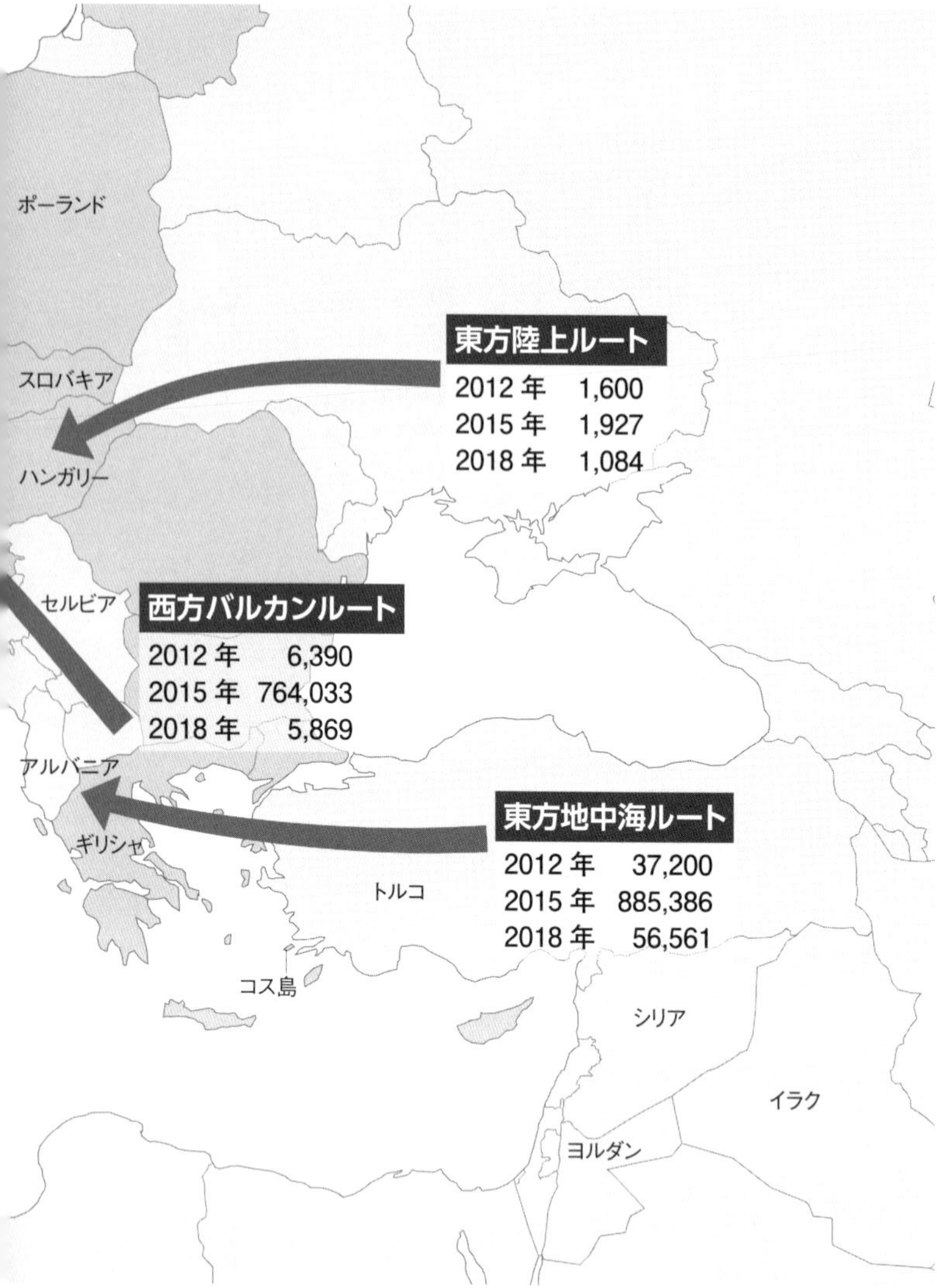

出典　Frontex（欧州対外国境管理協力庁）「国境侵犯をした難民のうち把握されている人の数」
※一人の難民が複数登録されている可能性も含む。

◆難民移動ルートと人数の推移
イギリス
ドイツ
EU
オーストリア
スイス
フランス
イタリア
スペイン
地中海
チュニジア
アルジェリア
ランペドゥーサ島
リビア
西方地中海ルート
2012 年　6,400
2015 年　7,004
2018 年　57,034
中央地中海ルート
2012 年　15,900
2015 年　153,946
2018 年　23,485

ハンガリー、鉄条網の壁を築く

たいていの難民はここから非ＥＵ国のマケドニア、セルビアを通り、ハンガリーで再びＥＵに入った。ここまで来れば、あとはオーストリア、ドイツとつながる。

つまり、当時の状況はというと、膨大な数の中東難民がハンガリーまで来ていた。そして、その数に恐れをなしたハンガリーが、どうにかして、難民のさらなる流入を防ごうとして、一五〇キロにわたるセルビアとの国境に、突貫工事で四メートルの鉄条網の壁を作りつつあった。そして、それをドイツなどＥＵ諸国が、人権無視だとして非難していたのである。

本来なら、ＥＵの扉をノックする者は、まずは入れて身元を確認し、難民申請者として登録したあと、難民として認めるかどうかの審査をするというのが原則だ。しかし、ハンガリーのオルバン首相は、そんな原則論を聞く気はすでになかった。ハンガリーはじゅうぶんすぎるほどの難民を庇護していると思っていたし、実際にそうだった。

八月半ばには、通過する難民のあまりの多さに驚いたマケドニアが、やはり一時、国境を閉じ、暴動騒ぎとなり、警察が催涙ガスを発射するという事件も起こっていた。

しかし、密入国幇助を商売とする犯罪者たちは素晴らしいネットワークを持っていたらしく、どこに障害物ができようが、最新の情報を駆使して難民を誘導した。

なお、難民はずっと徒歩で移動していたわけではない。支払った金額にもよるが、さまざまな交通手段が使われ、宿泊所は、時にそれがテントであったにせよ、ちゃんと用意されていた。彼らは、スマホで支払いさえできれば、食料や水の補給もできたし、ホテルにも泊まれた。道中にはスマホの充電を商売とするスタンドもできていたという。こうして、彼らは鉄条網の隙間を抜けて、続々とハンガリーに入ってきた。

ところが、せっかくたどり着いたハンガリーで彼らは行き詰まってしまったのだ。ハンガリー当局としては、前述のダブリン協定があるので、難民をそのまま通過させるわけにはいかない。

ドイツにいる難民は、審査の結果が出る前も後も、その自治体の中なら自由に動き回れるが、ハンガリー政府は、難民が潜伏したり、治安の乱れの原因になったりすることを恐れ、収容所に閉じ込めようとした。そのうち難民の数は増え、収容所はあふれ、しかも、ハンガリーで登録されたくない難民が逃げ回ったため、収拾がつかなくなった。それをドイツなどが、また、人権無視だと非難した。

国道を川のように移動する列

そのうち、ハンガリーで難民収容所に入っていなかった難民たちが、ドイツ行きの鉄道の切符を手に、ブダペスト駅の周辺で野宿を始めた。しかし、ハンガリー当局は、ドイツの許可なしに列車を出すことはできず、難民たちの不満は爆発寸前となっていた。

そこで二〇一五年八月三十一日、困り果てたハンガリー政府は、ダブリン協定はすでに機能していないと見たのか、オーストリア経由ミュンヘン行きの列車を発車させた。難民列車は、躊躇《ちゅうちょ》するオーストリアに何度か止められながらも、二日がかりでミュンヘンに着いた。

EUは当然、ハンガリーのこの行為を激しく非難した。どの国も、ドイツに入った難民が自分たちのところに紛れ込むことを恐れていたのだ。こうなっては、さすがのオルバン首相も後続の列車は出せなかった。

すると九月四日、業を煮やした難民たちがオーストリアに向かって歩きはじめた。難民の列が国道を川のように続き、それを上空から撮影した映像が、その夜、ドイツのニュースで流れた。そこに、前日のアイランの溺死写真が重なり、ドイツ人は衝撃を受けた。ドイツの世論が一気に、「難民を救え！」に傾いた。そして翌五日、メルケル首相が「ハンガリーにいる難民を受け入れる」と発表する事態に至る。しかも、「ハンガリーですでに登録している難民も、戻すことはしない」との保証まで付けた。もちろん、ダブリン協定違反だ。ＥＵの全政府が耳を疑った瞬間だった。

電車さえ走れば、ブダペストからミュンヘンなど、あっという間だ。その日のうちに八〇〇〇人の難民がミュンヘンに到着した。ミュンヘン市民の多くが中央駅に出向いて、〝welcome to Germany〟（ドイツへようこそ）とか、〝I love Refugees〟（愛する難民）といったプラカードを掲げて難民を歓迎している映像は、ＥＵの人々をさらにびっくりさせた。そして何より、この映像が、どうにかしてドイツへ行きたいと待ち構えていた中東やアフリカの若者を大いに勇気づけたのである。実際、これを合図のように、ハンガリーだけでなく、他の土地からも、多くの人間が一斉にドイツに向って動きはじめた。

翌六日のミュンヘン中央駅の到着者は一万二〇〇〇人、七日が一万一〇〇〇人。難民の列は途絶える気配がなかった。このままいけば、この年、ドイツにやって来る難民は一〇〇万人を超えると予想された。難民は、若くて元気だったが、市の職員やボランティアの体力は保《も》たなかった。収容能力も限界を超えた。ドイツはあっという間にパニックに陥った。

七日、当時のドイツ連邦首相府長官アルトマイヤー氏が、「我々は年間五〇万人の難民なら受け入れることができる。それ以上については、EUの協力を強く希望する」というコメントを出した。他の国にしてみれば、今さら何をか言わんや、であった。

同情をかき立てた写真はフェイクだった?

この混乱の中、こともあろうに、あのアイランの溺死体の写真がフェイクだったというニュースがネット上で流れ、それを目にしたドイツ人を唖然とさせた。同じボートに乗っていて助かったというイラク人の女性が、イギリスのメディアに「真実」を語ったとされた。この女性も、同乗していた子供二人を亡くしたという。

彼女によれば、アイランの父親は、自身が実は密入国斡旋業者で、自らボートを操縦していた。それが転覆し、一家の中で彼だけが助かった。ただ、その後、カナダが出すといったビザを断り、家族の遺体とともに即座にシリアに戻ったのは、EUやトルコでは逮捕される恐れがあったからだということだった。

まあ、そこまではよい。あり得る話だ。父親がお金をもらう側であろうが、払う側であろうが、可哀想なアイランが何も知らずに溺れ死んでしまったことに変わりはない。

しかし、不可解なのはそのあとだった。では、いったい誰があの写真を撮ったのか。ニュース写真としてはいかにも心を打つ写真だが、フェイクと言われれば納得できた。時化の海で溺れて流れ着いたにしては、体も服装も乱れがなく、そういう意味では確かに不自然だった。

また、他のサイトでは、アイランが流れ着いたのは、実は、もっと岩場の他の場所だったという報道もあった。ただ、そんな場所では報道写真としてインパクトが弱いため、広々とした海岸に、あのうつぶせの姿で置き直した。このサイトには、ご丁寧にも、トルコの警察が岩場に流れ着いたアイランらしき子供を抱きかかえている写真まで付いていた。

ただ、警官は後ろ姿だし、アイランは警官の陰になっていてよく見えない。そのため私は、この写真や情報についても百パーセントは信じていない。警官が本物かどうかも分からない。このような写真は、作ろうと思えば、いくらでも作れただろう。

しかし、もし、この話が本当だったとしたら？　つまり、アイランの遺体がフェイクで、偽造された写真が世界を駆け巡ったのだとしたら？　しかも、実際にこれによって一気に人道主義が高まり、その勢いに乗ったかのように、メルケル首相がイレギュラーな難民受け入れを決め、ＥＵの難民を巡る状況がドミノ倒しのように変化したのだ。いったいこれは、どう解釈すればよいのか。誰かが意図したことだったのか。

二ヵ月で三一万八〇〇〇人がドイツに

九月と十月だけで三一万八〇〇〇人の難民（正確には難民志願者）がドイツに到着した。ドイツは慌てて、列車の運行を制限したり、国境で入国検査を始めたりしたが、時すでに遅し。難民の波は止まらなかった。ハンガリーが国境で厳戒態勢を敷いてからは、人の波はハンガリーを迂回し、セルビアから、クロアチア、スロベニア経由でオーストリアへと流れた。オーストリアは、スロベニアから自国に入った難民をバスに積んで、ひっきりなしにドイツに運んだ。

受け入れ側はもちろん休みなしだ。警察も、市の職員も、ボランティアも総動員で対処したが、それでも手が足りなかった。難民の身分証明書をスキャンし、指紋を登録し、健康チェックをし、食事を与え、仮眠所で休息させているうちに、次の列車やバスが到着する。ベッドが足りなくなると、仮眠している人たちを起こして、チャーターしたバスに乗せ、他州に振り分けた。

クタクタになってようやく帰宅した職員のところに、「五〇〇人到着。すぐに出動してほしい」というようなＳＯＳが入ることも珍しくなかったという。彼らの疲労は限界に達していた。

オーストリアのバスは、しばしば深夜に、それも予告なしに何百人もの難民を国境に置いていった。そのうち、このやり方がドイツとオーストリアのあいだに緊張をもたらし、十月末、デ・メジエール独内相が「了解できない」と強く抗議した。

それに対してオーストリアのミクルライトナー内相（当時）は「ドイツが難民を他のＥＵ国に戻さないと宣言をしたから、難民の数が爆発的に増えたのだ」と反論。混乱の原因はドイツだと言わんばかりだった。当時、口には出さなくても、そう思っていた国は多かっただろう。限界に達していたのは、通り道になっていた国々も同じだったのだ。

一方、メルケル首相の難民へのラブコールは、バルカン半島ルートの難民だけでなく、アフリカ大陸から地中海を渡って来る難民の数をも飛躍的に伸ばした。イタリアにたどり着いたアフリカ難民は、そのままアルプスを越えてオーストリアに入り、そこからさらにドイツに入ろうとした。くしゃくしゃになったメルケル首相の写真をお守りのように捧げ持っている難民の姿が、しばしばニュースで流れた。

次々と国境を閉じたEU諸国

十一月二日、国連のＵＮＨＣＲが発表したところによると、地中海経由でＥＵに入った難民の数は十月だけで二一万八〇〇〇人で、前年一年分よりも多かった。そしてＵＮＨＣ

Rも、この極端な増加を「ドイツの寛大な難民政策のせい」とした。
オーストリアは、アフリカからの難民の波に業を煮やして、一時、アルプス山中のイタリアとの国境、ブレンナー峠を閉じてしまった。そして、国境で難民審査をして、即時送還という強硬策まで取った。

このころのEUは、まさに非常事態に陥っていたと言ってもよい。膨大な難民が自国になだれ込むことを恐れ、各国が次々に国境を閉じた。つまり、国境検査を廃止したシェンゲン協定までが崩れたのである。メルケル首相のせいで、EUの理念「一つのヨーロッパ」は崩壊の危機に陥った。

十月にようやくセルビア国境の柵を完成させたハンガリーのオルバン首相は、「ハンガリーは傍観者となった」と挑発的な宣言をした。それどころか、ハンガリーでは九月十五日から施行された新しい法律に基づき、セルビアから入ってくる難民は国境侵犯で拘束されても文句が言えなくなった。

EU各国が国境を閉じはじめたことが分かると、難民の通り道であるクロアチアやスロベニアも、入ってきた難民を一刻も早く次の国に手渡そうとする。特に、スロベニアが警戒を強めた。というのも、オーストリアが、スロベニアとの国境に柵を作ることを検討しはじめたという噂が流れたからだ。そうなれば、スロベニアは軍隊を動員してでもクロアチアとの国境を守り、難民が入ってこられないようにするつもりだった。一つの国境が閉じれば、連鎖反応が起こる。ＥＵばかりか、それを囲む国々でも、状況はあたかも難民をめぐる壮絶なババ抜きのようになった。

一方、ドイツ国内でも、この無謀な難民の受け入れに警鐘を鳴らす政治家はいた。一年間に二〇万人という上限を作らなければ大変なことになるという意見は強かった。

しかし、メルケル首相は、「受け入れ人数の上限は作らない」と頑と言い張った。それを見たＥＵの首脳たちは驚愕した。イギリスのキャメロン首相は、「イギリス人にだってハートはある。しかし、行動するには頭脳も使わなければならない」と引導を渡し、オーストリアのファイマン首相はこの状況を、「ＥＵの静かな崩壊」と表現した。

ＥＵで起きたウソのような本当の話

この当時のドイツでは、ニュースの冒頭の数分間はいつも難民問題だった。それどころか、ニュースの半分ぐらいの時間がそれに割かれる日もあった。ＥＵのど真ん中で、信じられないようなことが展開していた。特に、この年の大晦日から翌年の新年にかけては、それ以後のさらなる混乱を予感させるような事件が立て続けに起こった。

以下は、当時の私のコラムからの抜粋である。

二〇一五年十二月三十日、モルドバ船籍のボロ貨物船「ブルースカイM」号のSOSを受けたとき、ちょうどイタリアの沿岸警備隊は大わらわだった。二十八日にアドリア海で火災を起こしたフェリー「ノーマン・アトランティック」号の乗客の救助が、荒海の中で四十時間にもわたって続けられていたのだ。

しかし、ブルースカイM号のほうも、放ってはおけなかった。最初の情報では、その貨物船には一〇〇〇人近くの難民が乗っているばかりか、船の舵は自動操縦モードに設定され、船員なしで、アドリア海をイタリア東海岸の岸壁に向かって突き進んでいるということだった。船を止めなくては岩礁に激突する。

沿岸警備隊は慌てて駆けつけたものの、時化ていたため、救助は困難を極めた。ブルースカイM号に船を寄せることができず、ヘリコプターで空から六人の隊員を甲板に下ろした。そして船のエンジンを停止し、固定されていた舵を解除し、航路を変更し、ようやくエンジンを再スタートすることができたときには、すでに岩礁まで八キロという地点だったというから、まさに間一髪であった。三十一日の朝三時半に、ブルースカイM号は、無事にイタリアのガリポリ港に入港した。

後の調べによると、乗っていた人の数は七六八人で、ほとんどがシリアからの難民だった。彼らは密航業者に一人当たり四五〇〇から六〇〇〇ユーロものお金を払って、シリア国境からほど近いトルコの港で老朽貨物船に乗り込んだ。一人五〇〇〇ユーロというのは、東京－ドイツ間のファーストクラスの飛行機代よりも高い。

雇われ船長はやはりシリア人で、一万五〇〇〇ドルの報酬と、家族を乗船させるという条件で操縦を引き受けた。最終的に、船長も家族とともに難民としてイタリアに逃れるつもりだったらしく、密航業者との打ち合わせどおり、沖合で船の操縦を放棄し、自動操縦をセットして難民の中に紛れ込んだ。その瞬間から全員が、荒海を勝手に突き進む船と運命を共にすることになったのだった。

実は、その前日の午後、不安を覚えた難民の一人がギリシャ警察にＳＯＳを送り、船が重武装した人間に操縦されていると報告したという。それが本当なら、最初は、密航斡旋業者の一味が同乗していたのだ。ギリシャ港湾警察の発表では、通報を受けたあと、ヘリコプター一台と巡視船二隻、フリゲート艦一隻を派遣し、コルフ島沖でブルースカイＭを点検したが、何も異常はなかったので、航行を継続させたとのこと。しかも、公海に出るまで、フリゲート艦で護送までしたという。

ただ、難民が無事救助されたあと、船長が捕まり、事情聴取をしたところ、話はだいぶ違ってきた。船長によれば、嵐を避けるため船をギリシャのコルフ島の近くに避難させていたとき、ギリシャの港湾警察から無線が入った。そこで、船長が「何も異常はない」と言ったところ、嵐にもかかわらず、すぐにイタリア方面に進路を取るように促されたという。厄介払いである。

いずれが正しいにせよ、このニュースにドイツ人は腹を立てた。貨物船が七六八人もの人間を積んでいたのに、何も異常はなかったとするのは、「ギリシャの警察が密航斡旋の犯罪組織とグルになっているとしか考えられない！」と。

ところが、難民騒動はこれだけでは終わらなかった。翌元旦、イタリアの沿岸警備隊にまた通報があった。今度はシエラレオネ船籍の「エザディーン（Ezadeen）」号が、難民四五〇人（実際は三六〇人だった）を乗せたまま、イオニア海で漂流しているという。難民の一人が、船員が逃走したとSOSを発信したらしい。スカイブルーM号とは違い、エザディーン号は動いていなかった。燃料切れか、故障かは分からないが、まるで幽霊船のようにただ流されていた。同船は三日、イタリア沿岸警備隊によって、ようやくカラブリア州（長靴の先っぽ）の港に曳航《えいこう》された。

立て続けに起こったこの二件の遭難騒ぎで、EUの難民問題は新たな局面を迎えた。船でアフリカからやって来る難民は、今までもほぼ全員、密航を斡旋する違法業者によって、危険な船で危険な海に送り出されてきたが、その手法が急激に変わったことが確認されたのだ。

これまでは主に漁船や大きなゴムボートが使われていたが、去年の秋ごろより船が巨大化した。今回のスカイブルーＭ号もエザディーン号も、築四、五十年のボロ船で、エザディーン号は家畜運搬用の船だったが、ともあれ、今までは、リビアから、イタリア領なら最短のランペドゥーサ島へ向かうぐらいしかできなかった難民船が、シリアからイタリア本土へ直行できるようになった。しかも、冬でも航行が可能だし、一度に何百人も積めるのだから収入が激増しているはずだ。

たいていの斡旋業者は、沖合に出たところで、自分たちだけ小型のモーターボートなどで逃走し、遭難のＳＯＳを出し、あとはイタリア海軍に救助させるという方法を取るようになった。安い老朽貨物船なので、船など放棄しても暴利は残る。ひどい業者になると、船を故意に壊したり、乗客を海に飛び込ませたりして、難民船が難民とともに出発港に戻されないようにしていたという。

ＥＵのジレンマは、イタリア軍が救助をするから、それを当てにしたこういう手法が成り立つという事実だ。だからといって、助けないわけにもいかない。（後略）。

一〇〇〇人以上の難民が暴徒と化す

ドイツにとって歴史的とも言える激動の二〇一五年が終わろうとしていたときのことだ。メルケル首相は恒例の大晦日のスピーチで、「難民の受け入れ人数には上限を設けない」という考えを再度、強くアピールし、国民の協力を仰いだ。しかし、ちょうどそのころ、ケルンでは、あとあとまで尾を引くこととなった「大量婦女暴行事件」が発生し、大勢の若い女性たちが屈辱的な暴行を受けていた。

以下は再び私の当時のコラムよりの引用だ（二〇一六年一月八日掲載）。

> 大晦日の深夜、ケルンの中央駅周辺で、一〇〇〇人以上の若い男性が暴徒と化し、大勢で若い女性を囲んでは、性的嫌がらせ、暴行、貴重品やスマホの強奪に及んだ。性的嫌がらせに関しては、触るなどという域は越え、スカートや下着を剥ぎ取るなど、常軌を逸した蛮行が多発したという。強姦の被害届も出ている。ケルンは人口が約一〇〇万人で、ドイツで四番目の大都市だ。中央駅のすぐ横には、有名な大聖堂が聳え立っている。
>
> 六日の時点で被害届は一〇〇〇件を超えた（のちにはそれが七〇〇〇件を超えた）。被

害者の女性の証言では、加害者はドイツ語を話さず、アラブ、もしくは北アフリカ出身と思われる容貌の若い男性で、ほとんどが酒に酔った状態だった。しかも、婦人警官までが囲まれ、いたずらされたケースが報じられているところを見ると、暴徒のあまりの数に警察が対応しきれなかった様子が伺える。

ヨーロッパの大晦日というのは、多くの若者が街に繰り出して、カウントダウンの大騒ぎをし、零時には打ち上げ花火をあげてニューイヤーを祝う。打ち上げ花火は危険なものも多いので、ドイツでは昔から、一年のうち十二月の二十九日、三十日、三十一日の三日間しか販売が許可されていない。ところがこの日のケルンでは、それが駅前広場に集まっていた群衆を狙って打ち込まれ、火傷などの怪我人も出たという。（中略）

ただ、おかしいのはその後の警察とメディアの対応だった。これだけの事件であったのに、全国報道されたのは三日後の一月四日。ケルンの知人に確認したところ、それ以前は地元の新聞にも載らなかったという。そして四日以降も、その沈黙の理由に触れた報道は、私の調べた限り一つもない。

おかしいことはまだある。たとえば第一テレビのオンラインのページでは、普段なら末尾に読者のコメントが掲載されるのに、このニュースに限って、コメント欄が影も形もない。
さらに調べてみると、『ケルニッシェ・ルントシャウ』紙のオンラインページの一月一日版には事件の詳細が載っていたことが分かった。それによれば、午前一時ごろ、パニックに陥った人々が線路に逃れ、列車の運行が一時停止したという。なのに、翌日、警察が、この夜は「広範囲にわたって平安」であったと発表したということが、かなり皮肉っぽく描かれていた。「警察の出動回数は、傷害（八〇回）、騒乱（七六回）、器物破損（二〇回）で、その数は去年のレベルと同程度。消防だけが出動回数八六七回で、去年よりも多かった」。消防の出動はあちこちで起こった放火によるものだ。
警察の「事なかれ主義」的発表はかなり不自然だ。案の定、これらが明るみに出て以来、ケルン警察は集中砲火を浴びており、六日には署長の辞職問題にまで発展している。（中略）
メルケル首相はこれまで、「我々はやれる！」として難民の無制限受け入れを提唱し、国民に協力を要請してきた。ドイツ政府の見解は、「難民は我々のチャンス」というバラ色のものだ。それに主要メディアが同調し、難民を助ける善良な国民の姿を常に大きく取り上げた。

もちろん、「このままでは大変なことになる」と、この難民政策に疑問を呈する人たちがいなかったわけではない。しかし、そういう人たちには、非人道的、あるいは、極右という烙印が押された。「受け入れ人数の上限を設けるべき」と声を上げた政治家は、即座にポピュリストと叩かれた。

緑の党は前々から、難民申請者は全員がドイツに留まれるようにすべきという意見だ。党の代表オツデミア氏は、ケルンの事件に対するコメントを求められ、「犯された罪は悪しきものだが、その罪を難民にかぶせるのも悪しきことだ」と述べた。

五日には、次々と後続の情報が出てきた。ケルンで起こったことは、実はシュトゥットガルトやハンブルクでも起こっていたらしい。

偶然だが、シュトゥットガルトの私の知人夫婦が、大晦日の夜、芝居を見に行き、食事をして、夜中に駐車場に向かったところ、突然、外国人の大群に遭遇し、たいへん怖い思いをしたという。夫人はその後、目撃したことをごく客観的に記し、ある新聞社のオンライン投稿欄に送ったが、掲載されることはなかった。ところが、それが今ごろになって報道されはじめたのである。

メルケル首相の難民政策に、最初から一貫して異議を唱えていたのが、与党の一翼を担うＣＳＵ（キリスト教社会同盟）の党首ゼーホーファー氏だ。彼はすでに前年の夏から、イスラム過激派が難民に紛れ込む危険性を唱えていたが、緑の党は「被害者である難民を加害者扱いするのはけしからん」とはねのけ、SPD（社民党）も、「イスラム過激派は難民に混じらなくても、別の侵入ルートを持っている」として相手にしなかった。しかし、十一月にパリで起こった無差別テロの犯人八人のうち、少なくとも二人は難民としてEUに入ったことが明らかになっている。

また、以前から指摘されていたのは、若い独身男性がこれだけ増えると、セクシャルな問題が起こっても不思議はないということだった。たとえば七〇年代、大量の男性出稼ぎ外国人労働者が狭い宿舎で暮らしていたころ、ドイツの街に多くの売春施設ができたという。ちなみに今のドイツは、売春が正式な職業として認められている数少ない国でもある。

売春施設の是非は横に置いておくが、現在、需要と供給の不釣り合いという同じ状況ができているため、犯罪学の学者のあいだでは、性犯罪の増加を警告している人たちがいた。彼らに言わせれば、ケルンの事件は起こるべくして起こったのだ。

ただ、これまでのドイツの報道の流れでは、難民は絶対善として扱われていた。だから、今回の事件の犯人が難民では都合が悪い。つまり、大晦日の暴動事件がすぐに報道されなかったのは、首相府からの報道規制が掛かったからというより、今

まで難民受け入れを崇高なこととして扱っていたメディアのシナリオに、それが合致しなかったからではないか。（後略）

おびえる市民たち

ＥＵではこのころから、治安の乱れが目立ってきた。第一放送が二〇一八年十二月十二日付のオンラインニュースで、ＥＵ内では二〇一五年から二〇一八年末までに、三五〇人がイスラム・テロの犠牲になったと発表している。二〇一五年十一月にはパリで大々的なイスラムの無差別テロが起こって一三〇人が亡くなり、三六〇人以上が負傷した。二〇一六年三月はベルギーのブリュッセルで三八人死亡、三四〇人負傷、同年七月にはフランスのニースで八五人死亡、二〇三人が負傷、十二月にはベルリンのクリスマスマーケットで十二人死亡、六二人負傷、二〇一七年八月には、バルセロナで十三人死亡、一〇〇人以上負傷、その他、イギリスのマンチェスター、ロンドンと、フランスのシュトラスブルクと、大きな事件だけ数え上げても相当な数に上る。

これらのテロのすべてが、二〇一五年九月のあとに難民として入ってきたテロリストたちの仕業だというわけではなかったが、少なくともイスラム・テロであることは確かだった。だからこそEUの住民は、増えすぎたアラブからの難民に不安を感じていたのだ。また、テロには入らないが、婦女暴行、しかも、殺人にまで及んだ性的動機による犯罪なども多々起こっていた。

パラダイスを夢見てようやくドイツにやって来た難民たちは、狭い宿舎に押し込められ、働くこともできず、欲求不満になっていた。ただ、自由に出歩けるので、都会の幾つかのスポットが彼らの溜まり場となった。私の住むシュトゥットガルトでも、夜になると、そういう場所に彼らが缶ビールを手にして立っていた。中東難民の多くは、お酒の禁止されている国から来ていたので、酔った彼らの姿は、市民の不安に輪をかけることとなった。街には驚くほど大量の警官が配置されていた。

市民にとっては、街で見かける難民に覚える不安のほうが、テロの不安よりもずっと身近だ。女の子を持つ家庭では、夜、娘の帰宅を待ちながら、それまでしたことのないような心配をしなければいけなくなった。朝や日暮れどき、林の中をジョギングしていた人たちは、一人で走るのが怖くなった。旧ユーゴから来た女性が、暗い夜道で大勢の男性に囲まれる恐怖を語るのを聞いたあとは、これまで三十七年間、怖いと思ったことなどほとんどなかった私でさえ、夜、一人でガラガラの電車に乗ったり、シーンとした地下駅を歩いたりするのが怖くなった。

難民ボランティアを殺害した難民少年

二〇一八年の秋、ドイツのフライブルク市で医大の女子学生が、深夜、自転車で帰宅途中に暴行され、殺される事件があった。この学生は、難民援助のボランティアに積極的に携わっていたため、遺族は葬儀のとき、故人の意思を尊重し、お花がわりに難民への寄付を呼びかけたという。ところが、犯人を捕まえてみたら、それはアフガニスタン出身の十七歳の難民だった。二〇一五年の秋、まさに難民が大河のようにドイツに流れ込んでいたときにやって来たうちの一人だった。

ただ、その後の調べにより、さらにドイツ人を驚愕《きょうがく》させることが分かった。彼はずっと以前にギリシャに入っており、すでに二〇一三年、ギリシャで婦女暴行事件を起こしたあと、証拠隠滅のためにその女性を崖から海に突き落とし、刑務所に入っていた。しかも、そのときも自分の年齢を十七歳と称していたのだった。

難民の年齢については、多くの問題がある。パスポートをなくしたと言えば、国籍も年齢も特定できない。同じ犯罪でも、十七歳と二十四歳では扱いも刑罰も大きく変わってくる。

しかも、未成年（十八歳以下）だと、難民として認められるチャンスが格段に上がるうえ、両親や、未成年の兄弟を呼び寄せられる可能性が高くなる。だから、彼らのあいだでは、まず、未成年を難民志願者としてドイツに送り込むという方法がしばしば取られた。すでに成人しているにもかかわらず、年齢を十四歳から十七歳と詐称している難民も少なくなかった。

手の骨をレントゲンで調べると、おおよその年齢を特定できるそうだが、ドイツではそれも行われていない。医療目的でないレントゲン照射は、健康体へ危害を与える行為と見なされ、違法となるため、実施する医者がいないからだ。

ギリシャで捕まっていた人間が、その後、どうやってドイツに来て、難民の申請ができたのかは分からないが、この殺人事件についてのコメントは、メルケル首相が「忌むべき殺人を引き起こしたのがアフガニスタン難民だとしたら、彼を厳しく裁かなければならない。しかし、それを、あるグループの拒絶につなげてはいけない」。ガブリエル副首相兼経済エネルギー大臣（SPD）が「このような凶悪犯罪は、シリアやアフガニスタンから最初の難民がやって来る以前にもあった」。そして、事件の起こったフランブルク市の市長サロモン氏（緑の党）は、「難民を十把一絡げにしてはいけない」と語った。

一方、それに対して、ドイツ警察の組合の代表であるヴェント氏は、次のように述べた。「もし我々が、大量に入った難民と、それに関連した危険に対し、もっときちんと対処できていれば、今回の被害者はもちろん、他の多くの被害者もいなかったことだろう。なのに、遺族が悲しみ、被害者が多くの苦しみを味わっているあいだも、『ようこそ文化』の代表者たちは沈黙を続ける。同情もなく、自己に対する疑いもなく、思い上がったまま、自らの高貴な信念に固執している」

メルケル政権の難民政策に対する痛烈な批判であった。

EUの分裂が進む

それでもドイツ政府は、国民の心配も、警察の苦言もどこ吹く風、「難民は弱き者で、それを助けるドイツ人は善」という線を保ち続けた。それは、メディアもまさに同じで、特に主要メディアは、政府の難民政策を批判する人たちをポピュリストとして攻撃し続けた。難民による負の面を指摘したり、難民による犯罪の犠牲者の苦悩に言及したりすると、たちまち「難民を締め出すために、犠牲者を政治利用する良からぬ人たち」という烙印を押された。

政治家にもメディアにも常に叩かれ、ナチとまで罵《ののし》られたのは、右派の新党ＡｆＤ（ドイツのための選択肢）だった。しかし、最初、全面的に難民寄りだったドイツ政府の方針は、のちに、どんどんＡｆＤの主張に近づいていくことになる。

もちろん、そう見えないように、細心の注意を払ってはいるのだろうが、その矛盾は誰にでも分かった。ただ、今さら修正を始めても、取り返しのつかないことが多すぎた。それについては、後述する。

いずれにしても、EUの方針は、今ではメルケル首相の言とは裏腹に、EUの国境防衛に集約されている。その他の政策、たとえば、難民の母国を支援して、難民が危険な旅に出る必要のないようにするなどという政策は、たとえ正論ではあっても、機能しないし、近い将来機能する見込みもない。いわば机上の綺麗事にすぎない。

また、イタリアやギリシャに溜まっている膨大な数の難民を、EU諸国が手分けして引き受けようというメルケル氏の提案にも、口では賛成しながら引き取らない国、あるいは、あからさまに抵抗する国がほとんどだ。現在、EUを牽引しているドイツは、自分たちは民主主義の守護者であるというスタンスを崩さないが、難民問題に関してはあまりにも矛盾が多く、他の国がついて来ない。

そんな中、同じEUでも、理想主義や自己礼賛には乗らず、偽善的な言動も少なく、ドイツの姿を冷めた目で眺めているのが、ハンガリーやポーランドなど東欧の国々だった。最近は、そこにイタリアやオーストリアといった、新しいタイプの首脳に率いられた国々も加わりはじめている（イタリアは二〇一九年九月より、再び親難民政策に舵が切り替わりつつあるため、それも後述)。

特にポーランドやハンガリーは、ソ連の軛《くびき》を離れてすでに三十年。彼らは理想の香りに包まれた夢など見ない。もちろん人権も大切だが、それはまず、自国の平和と繁栄があってこその話だという現実を見極め、大国に呑み込まれないよう用心怠りない。経済的には弱小だが、過去に大国であった記憶が鮮明に蘇ったのか、なかなか堂々たるスタンスだ。それは、難民問題においても顕著に表れている。

ハンガリーは、二〇一五年九月、自国にいた難民をドイツ政府が受け入れてくれると言い出したとき、おそらく呆気にとられたはずだ。しかも、ドイツ国民がそれを〝refugees welcome!〟(ようこそ、難民!)と叫びながら熱狂的に応援したのを見て、二度驚いたのではないか。彼らにしてみれば、国境管理、つまり、誰が、どこから、何人、自国に入ってくるかを把握するのは、主権国の重要な任務の一つである。

だからこそメルケル首相が、イタリアやギリシャに溜まってしまっている膨大な数の難民を、ＥＵ各国が手分けして引き取ろうと提案したときには、はっきりと拒否した。彼らは、自国がマルチ文化の国になることなど、端《はな》から望んでいない。自分たちの国に入って来られるのは、自分たちが認めた人間だけだ。

ＥＵ議会の副議長の一人であったポーランド人は、『キケロ』誌のインタビューに答えてこう言った。「メルケル首相が難民に国境を開いたのは、ドイツの歴史のセンシティブな部分と関係しているのだろうからドイツの勝手だが、それをEUレベルで行えというのはおかしい。EUの規定に、マルチ文化にならなければならないなどとは書いていない。ポーランド国民は、祖国を、現在、フランスの多くの街で見られるような風景にするつもりはない」。

EUを救うのはメルケルではなくハンガリーのオルバンか？

二〇一八年五月五日、ハンガリーのオルバン首相がベルリンを訪れ、メルケル首相と会談した。オルバン氏は二〇一〇年五月以来のハンガリーの首相、メルケル氏は二〇〇五年からドイツの首相だが、オルバン氏がメルケル首相の招聘《しょうへい》でベルリンを訪れたのはこのときが初めてだった。そういう意味では、この二人のあいだの確執は、二〇一五年に始まったわけではない。

この日、会談後に行われた共同記者会見で、メルケル首相はいつもどおり、「ヨーロッパの精神はヒューマニズムである。難民を締め出すのはよくない。連帯が重要」と訴えた。しかし、それに対してオルバン首相は、「ハンガリーの国境警備隊が国境を守ることをやめれば、ドイツには毎日、四〇〇〇から五〇〇〇人の難民が入るだろう。それを防いでいるのが我々だ。我々にとって連帯というのは、こういうことだ」と言い切った。ハンガリーがＥＵの連帯を妨げているというドイツの批判を、きっぱりと退けたのである。

ドイツの報道を聞いていると、「東欧は新興の民主主義国の集まりで、民主主義が板についていない。だから、あっという間に独裁的手法が復活し、三権分立さえ解体されはじめている」というような批判が多い。

しかし、これはおそらく民主主義の問題ではなく、理想主義か現実主義かの問題ではないか。オルバン首相は二〇一七年四月に大勝で三選を果たしたときのスピーチでも、「ＥＵは、ヨーロッパ合衆国になろうというような悪夢から目覚めるべき」と述べている。彼にとってＥＵの統合とは、自国の主権の放棄ではなく、経済と軍事の統合であるべきだった。

前述のＥＵ議会の副議長も、「すべての難民を受け入れるというのは理想的で人道的に聞こえるが、それは妄想だ。だから、たったの一年でドイツもそれを諦めた。ＥＵを救ったのは、メルケルではなく、ハンガリーのオルバンだ」と述べ、東欧の現実主義を明確に示した。

それに対してインタビュアーが「シリアで人が死んでいるのに、ポーランドはなぜシリア人を受け入れないのか」と突っ込んだが、「シリア人が死ぬのは、そこで殺している人たちがいるからだ」と返答。彼が暗に言ったのは、シリアで行われているのは列強の代理戦争であり、そのために利益を受けている人たちは別にいるということだった。

同年六月にできたイタリアのコンテ政権は、難民救助を仕事にしているNGO船のイタリアの港への入港を拒んでいる。そのため、二〇一八年には、大勢の難民を積んだNGOが何日も地中海を漂流するという事態が繰り返し起こっている。これまで難民漂着で苦しんできたイタリアやマルタの政府は、これで犯罪組織の行っていた難民輸送ビジネスに歯止めがかかるかもしれないと期待しているが、犯罪グループが諦めるかどうかはまだ分からない。

一方、ベルリンでは、その後すぐさま、地中海で漂う難民を救えというデモがあった。「反人道のイタリア政府」への抗議デモだ。それをドイツの主要メディアが、民主主義が生きている証拠だとして明るく報じた。

しかし、実際には、難民問題はそんな簡単な話ではない。そもそも二〇一五年、ドイツがなぜ、あのような無謀な決定をしたかということは、いまだに謎なのだ。

第一章の冒頭で紹介した「ドイツ人が理性を失った」という説は、多くのドイツ国民には当てはまるかもしれないが、メルケル氏に当てはめることはできない。ましてや、あれはメルケル氏の善意の発露などではなく、そこには、怜悧な考えがあったものと、私は思っている。

第 三 章

難民は
誰がつくったか

難民の定義

一九五一年にジュネーヴで結ばれた「難民の地位に関する条約」によれば、難民の定義は、「人種や宗教、国籍、政治的意見、または特定の社会集団に属するなどの理由で、自国にいると迫害を受けるか、あるいは迫害を受ける恐れがあるために他国に逃れ、その本国の保護を受けることができない、あるいはそのような恐怖を有するためにその本国の保護を受けることを望まない者」となっている。つまり、ここで定められている難民とは、政治的な理由による難民だ。

一方、ドイツ基本法（憲法に相当）十六条には、「政治的に迫害される者はドイツで庇護権を享有する」という一項があるため、ジュネーヴ協定の定める政治的難民に該当する人間がドイツに来れば、必ず庇護される。つまり、政治亡命できる。そのような権利を、ここまではっきりと憲法に明記している国はドイツだけだろう。

その理由の一つが、ナチの時代のユダヤ人の迫害だ。ユダヤ人を排斥したことへの反省と、排斥されたユダヤ人が外国で助けてもらったことへの感謝の念。そして、もう一つは、旧ドイツ領に残っていたドイツ人受け入れの枠組み作りだった。

したがって、今、基本法に明示されたこの条項を頼りに、世界中からドイツを目指して多くの人間が集まってくる。政治的に迫害されていることさえ証明できれば、原則として、受け入れてもらうことができるはずだからだ。

二〇一五年当時、シリア、アフガニスタン、イラクは紛争地と認められており、この三国から逃げてきた人たちは、難民と認定される確率が非常に高かった。シリアやアフガニスタンから来て、おまけにキリスト教徒なら、ほとんど文句なしにこの条件に当てはまる。

世界に約七〇〇〇万人

国連のUNHCRによると、二〇一二年、世界には四五二〇万人以上の難民がいた。そして、以後コンスタントに増え続け、二〇一八年末には七〇八〇万人と発表された。そのうち多くが、最寄りの国に留まっていることは一章で触れた。もっとも、つい最近までの難民は、ヨーロッパまではたどり着くことなど考えもしなかった。そんなことは不可能だったからだ。

中東難民がいちばん多く流れ込んでいるのはトルコで三七〇万人。二番目がパキスタンで一四〇万人だ。ヨルダンも多く、二〇一六年のデータでは二九〇万人。ヨルダンは人口が九五〇万だから、ほぼ三人に一人が難民ということになる。異常に多い。

一方、アフリカ難民がいちばん多く逃れているのがウガンダ、スーダン、エチオピア。

ウガンダには一二〇万人もの難民がいる。

そういう国には、すでに巨大な難民キャンプができている。特にシリアで内乱が激しくなってからは、増え続ける難民の収容が間に合わず、幾つものキャンプが突貫工事で作られた。シリア国境付近のヨルダンのザータリ難民キャンプもその中の一つだ。

難民を支援する学生NGO

ドイツに、SHLという学生の運営するNGOがある。SHLは、一九九〇年代のユーゴ内戦のとき、「ドアのすぐ外で起こっている戦争」を傍観していることを良しとしない学生が作った組織で、以来、主に青少年の難民支援に関わる活動をしてきた。今ではドイツでいちばん大きな学生NGOにまで発展している。後援者にはメルケル首相も名を連ねる。

運営に携わっているのは大学生で、主な参加者は、中高生だ。年に一日だけ『社会の日』を設け、SHLの趣旨に賛同する学校は、『社会の日』には生徒を授業から解放する。そして、これに賛同する雇用者が、生徒たちに一日だけのアルバイトを提供する。こうして、その日、生徒が学校に行く代わりにアルバイトをして稼いだお金を資金源として、主に旧ユーゴスラビアとアルバニアの青少年を支援するプロジェクトが企画・運営されるという仕組みだ。今では、毎年八万人以上の生徒が『社会の日』に得た収入をプロジェクトに寄付している。ヨーロッパには社会奉仕で成り立っている制度がたくさんあるが、その背景には、このような制度に皆が子供のときから接しているという事情がありそうだ。キリスト教の隣人愛の精神は、今や信仰心が薄れてしまったとはいえ、残り香のようになりながらも脈々と息づいていると感じる。

二〇一四年、ＳＨＬの援助プログラムに前記のザータリ・キャンプが加わった。

ザータリ・キャンプでは、元々、Save the Children（ＳｔＣ）が活動している。子供の権利保護を目的に一九一九年にイギリスで作られたＮＧＯだ。このキャンプでは、住人の半分以上が未成年者で、うち、幼稚園の年齢の子供たちが約一万人。困難な生活を強いられているその子供たちに、少しでも子供らしい時間を作ってやることを目的に、ＳｔＣは、キャンプ内に三ヵ所の幼稚園と四つの青少年センターを作った。幼稚園では、毎日二〇〇〇人の子供が保育を受けている。

私事ではあるが、うちの娘の一人が大学生だったころ、ＳＨＬのボランティアで、十四ヵ月間、アルバニアに行き、その後、ドイツに戻ってさらに一年間、学業の傍らＳＨＬの執行部に加わっていた。二〇一四年六月、ＳＨＬでは、自分たちの組織が資金援助をしている難民幼稚園の視察でザータリ・キャンプを訪れたのだが、その三名のメンバーに、娘も加わっていた。視察は三日間。幼稚園をさらに増やすため、現場の状況をレポートし、政府や民間企業から追加の寄付を引き出すことが目的だった。視察の費用は、ドイツの外務省が負担してくれたという。

以下は、そのときの娘のレポートの一部を私が邦訳したものである。

学生の目に映った難民キャンプの実態

これ以上のコントラストは考えられなかった。ヨルダンの首都アマンから車で北東へ、埃っぽい、混沌とした道を抜け、一途シリア国境に向かう。それは、ガラス張りの高層ビルの林立する近代都市から、乾いた、何も生えない砂漠に向かう旅だ。目的地は、シリアからの難民を収容しているザータリ・キャンプ。

一時間半ほど走ると、遥かかなたの地平線に白い広がりが見えてきた。いよいよ到着だ。

二〇一一年八月、このキャンプは、シリアからの難民の急増に対応して、たった十日間で建設された。当時、毎日、三〇〇〇人のシリア人が国境を超えてヨルダンに入ってきていた。六万人を収容する予定で作られたそのキャンプに、今では十一万以上の人が住んでいる、世界で二番目に大きな難民キャンプだ（二〇一四年当時）。永遠とも思えるテントの連なり。さらに近づいていくと、柵と鉄条網が見えてくる。

キャンプの入り口には、チェックポイントがあり、ヨルダン軍の兵隊が、人の出入りを昼夜見張っていた。車のトランクが調べられ、私たちも身分証明証を提示する。厳重な警戒だ。

チェックポイントでの検査が終わり、ベースキャンプに向かう。ベースキャンプとは、キャンプの中の隔離された場所で、各NGOが事務所を構えている。ここでそれぞれの活動をコーディネートし、指令を発している。

エアコンの効いた車で、熱砂のキャンプ内をじろじろ眺めながら走るのは、とても居心地が悪い。第一印象は、数えきれないテントとコンテナ、そして砂。こんなに多くの人たちが砂漠の真ん中に住んでいるというのは、実際に自分の目で見ても、うまく理解できない。

窓の外には、トイレや水道の施設、調理所、物資配給所、そして、テントとコンテナが果てしなく続く。信じられないことだが、難民たちが自主運営している大きな商店街もあり、それはシャンゼリゼと呼ばれていた。そこにはカフェがあり、レストランがあり、小さな店やスーパーマーケットがあり、ケータイショップやウェディングドレスのレンタル屋まである。資本を持っている人、あるいは、UNHCR（国連難民高等弁務官）から融資を受けた人が、許可をもらって商売を営んでいるのだ。彼らは仕入れのためにキャンプの外に出ることもできる。こういう自主活動は、受動態の難民生活の中で、非常に有意義なものとみなされている。

ここでは時間がとてものろのろと進んでいることが分かる。砂埃と熱く乾いた風が、人間を圧倒している。無数のテントの屋根に大書されているUNHCRのロゴが、なぜか陰鬱に目に映った。

いろいろな考えが頭の中を駆け巡る。私は何をしに来たのか？　体験したことをどのように消化すればよいのだろう？　三日間で何が分かるのか？　大切なのは、おそらく、ここの人々が何を考え、どう感じているかを、直に聞き、感じることだ。そして、最終目標は、彼らと気持ちを共にすること。

幼稚園では、三日間、職員と共に働いた。一言で言うなら、この幼稚園は素晴らしい。本当に素晴らしい！　恵まれない条件の中で、職員が信じられないほどのエネルギーと、そして愛情を投入しているのがよく分かる。建物は可愛らしく、派手な色が踊っている。あらゆる問題が山積みのキャンプの真ん中で、ここだけには希望と生きる喜びが具現化されているようだ。生き生きとした子供たちの表情を見ていると、まさに砂漠の中のオアシスのようだった。

　ここにいる子供たちは、戦争と暴力を体験している。ある子供は家族を失い、ある子供は両親と生き別れになった。規則正しい日常というのは、子供たちにとってとても重要で、良い影響を与えるものだが、それがキャンプの生活にはない。学校や幼稚園など、本来なら子供たちの日常に属している当たり前の施設が絶対的に足りない。人道支援は、食料、水、テント、コンテナといったもので手いっぱいで、子供たちの教育や心のケアはおろそかにされてしまう。子供たちは未来を見ながら育つはずなのに、そもそも、ここの住民の一番の問題は、未来が描けないことなのだ。

　幼稚園の一日は、皆が集まって始まる。それから、子供たちは、書き方のグループ、ゲームやスポーツのグループ、そして、お絵描きのグループに分かれる。最後は皆で食事を摂って帰宅。

　週に三度、親との面談も行うという。幼稚園の職員と親たちのあいだには、おのずと信頼関係が形成され、今では幼稚園は子供の問題だけではなく、あらゆる問題の話し合いの場所のようになっている。

　残念ながら、私はアラビア語ができない。子供たちのお蔭で、ようやく十まで数えられるようになっただけだ。子供たちは、言葉なしでもちゃんとコミュニケーションを取るという能力を持っていた。そして、ドイツ語も、英語も、アルバニア語も、あるいは、間違ったアラビア語も、すべて受け入れてくれた。でも、ときには私を不思議そうに眺めて、何かをつぶやいたかと思うと、そのまま、またアラビア語で話し続けることもあった。私が子供たちとちゃんと会話ができたなら、どんなに良かっただろうと思う。

子供たちは、幼稚園というオアシスの中で伸び伸びとしており、それを見るのはとても嬉しいことだった。ただ、多くの子供のちょっとしたしぐさや表情は、彼らが何か、常に頭から離れない物を見たのだろうと、私に想像させた。皆で集まって座っているとき、放心状態で、自分だけの世界にいるような子供もいた。

ただ、遊びが始まると、皆、突然、子供らしくなった。あまり楽しそうで、ときに私は、自分が難民キャンプにいるということを忘れてしまうほどだった。しかし、戦争は、まだ子供たちのすぐそばにあった。私が一人の女の子とレゴで塔を建てていたとき、熱心に何かを作っていたもう一人の女の子が私をつついた。彼女が得意そうに構えて見せてくれたのは、レゴで作った見事なライフルだった。

幼稚園の目的は、子供たちの生活に規則正しいリズムを作ってやることだ。それによって、子供たちが、少しでも保護されている安心感や心の落ち着きを取り戻せるように。幼稚園の生活で、いちばん私の心に残ったのは、子供たちが帰宅する瞬間だった。コンテナとテントのあいだの熱いアスファルトの道を、自分たちのテントに向かって歩いていく子供たちの後ろ姿。それを見ながら、「家に帰る」、あるいは、「家に帰れない」というのは、どういうことかと考え、胸が痛んだ。

テントは背が低く、大人がまっすぐに立つこともできない。長くここにいる人たちは、やがてコンテナを貰う。しかし、そこに住む少女は、コンテナは、冬は置いてある水が凍るほど冷え切り、夏はあまりの暑さに眠れないのだと話してくれた。

それでも、彼らはただ待つしかない。キャンプを離れることはできない。たいてい一日は、食料の配給を取りに行き、さまざまな認可の書類の発行されるのを待つことで終わる。将来の設計もできない。この生活が、あとどれぐらい続くのかさえ分からない。

彼らは私に、自分たちの故郷シリアがどんなに素晴らしかったか、その美しい自然の中で、自分たちがどんなに幸せな生活を送っていたかを語った。そして、ヨルダンはきれいでないと。しかし、彼らの知っているヨルダンとは、砂漠の中のテントだけだ。その殺伐とした不便なところで、「待つ」ことだけに凝縮された生活。人々の悲しみが空気中に漂っていた。

キャンプを発つとき、一人の少女が言った。「私たちは団結し、共に耐えている。それをドイツの人たちに伝えてほしい」と。そのとき、希望はいつも、子供たちの心の中にあるのだと思った。

治安の悪化を理由に難民キャンプを閉じたケニア

さて、このザータリ・キャンプが世界で二番目に大きいと書いたが、今ではそれは正しくない。

これまで最大だったのは、ケニアの北東、ソマリア国境から一〇〇キロメートルのところにあるダダーブだったが、それをバングラデシュのコックス・バザールが抜いた。コックス・バザールには、元々、ミャンマーから逃げてきたロヒンギャ族が二〇万人近く住んでいたというが、二〇一七年に本格化したミャンマーでの大々的な迫害により、さらに七四万人ものロヒンギャ族が流れ込み、現在、一〇〇万人近くとなっている。つまり、ザータリ・キャンプは現在、世界第三位だ。

蛇足ながら、ダダーブ・キャンプは、ソマリア内戦の影響で逃げ込んだ難民のために、一九九一年、国連の支援を得てケニア政府が設置した。その後、キャンプは常設化し、十年ほど前には、難民の数は三〇万人にも膨らんでいた。

ところが、ボコ・ハラムなどテロ組織が台頭するにつれ、テロリストが難民に混ざっては支援物資を強奪するようになった。そこで、二〇一七年、ケニア政府は治安の悪化を理由にキャンプの閉鎖を決定した。とはいえ、難民がすんなりとソマリアに帰れるわけでもないため、キャンプは消滅していない。それどころか、さらに混沌さを増し、想像を絶する環境の中で、今もまだ多くのソマリア人が暮らしている。

ケニアにいるソマリア人や、バングラデシュのロヒンギャ族が、難民としてEUに押し寄せてきては大変なことになるが、幸か不幸か、ここからEUは歩いてくるには遠すぎる。しかも、現在、彼らをEUに送り込もうとする犯罪組織が暗躍していないところを見ると、ここの難民にはその財力がなく、商売にならないのだと思われる。いずれにしてもEUが国連や赤十字などを通じてキャンプを極力支援しているのは、なるべく難民をそこに留めおきたいという願望の表れでもあるだろう。

そんなわけで、キャンプの閉鎖について一部の先進国から非難の声が上がったが、ケニア政府は、「先進国も安全保障上の理由から難民を制限しているではないか」と反論。豊かな国の身勝手さを突いた、もっともな意見だった。

難民資格のないアフリカ経済難民

一方、現在、ＥＵが頭を抱えているのは、自らの命の危険も顧みず、犯罪組織の力を借りて、勝手に地中海を渡ってきてしまうアフリカ難民だ。人が故郷を離れる原因はさまざまだが、中東からの難民が、戦闘から逃れるためという明確な理由をもっているのに比べて、アフリカからの難民には、そのような正当な理由がない。彼らの多くは、貧困から逃れるための、いわば経済難民とみなされる。

本来、ＥＵでは貧困という理由のみでは難民資格は取れない。また、アフリカ諸国は、一部の例外はあるが、原則としては、紛争地や、政治的抑圧のある国としては認められていないので、特に北アフリカのチュニジア、アルジェリア、モロッコから来た人々は、難民資格を取ることは難しい。だから、彼らは母国に戻らなければならない。

ただ、パスポートを所持していなかったため母国が特定できなかったり、特定できても母国が入国を許可しなかったり、あるいは潜伏してしまったりで、結局、彼らがＥＵに留まるケースは多い。それどころか、殺人犯さえ国外送還することができていないというのが、現状だ。

いずれにしても、二〇一七年の一年間だけで、三〇万人以上のアフリカ人が貧困に鞭打たれるようにして、地中海を超えてイタリアに着いた。その余波もあり、地中海に面していないドイツでも、ここ数年、アフリカ人と思われる人々の姿が俄然増えてきた。イタリアに入ったアフリカ人は、どんなに他の国が警戒しても、水が染み込むようにしだいにEU全体に拡散していく。

しかし、ここで湧いてくるのは、なぜ、アフリカはそんなに貧しいのかという疑問だ。アフリカは地下資源の宝庫だし、肥沃な土地も、豊かな水源も、そして、森林という膨大な天然資源もある。シベリアのように、一年の半分は凍てついてしまう土地とは月とスッポンの恵まれ方だ。

もちろん、植民地として搾取された過酷で不運な過去はあった。しかし多くの国は、戦後、次々と独立を果たし、以来すでに六十年以上が過ぎようとしている。そのうえ今日まで、国連や、世銀や、ＩＭＦや、さまざまな基金が、膨大すぎるほどの援助を注ぎ込んできた。なのに、アフリカの貧困はいまだに収まる気配すら見えない。それどころか政治的混乱は止まず、今や新たな搾取が根付き、アフリカは貧しいのが当たり前のようになってしまった。私たちがアフリカと聞いて連想するのは、どこかのＮＧＯのポスターの、飢えた子供たちの姿ばかりだ。

しかし、それがアフリカのすべてかというと、もちろん、そうではない。アフリカには教育を受けた若者もいるし、どうにかして豊かな国を作ろうと、本当の意味での独立した母国の建設に燃えている人たちもいるはずだ。それでもアフリカが貧困から抜け出せない一番の理由は、まず汚職。そして、次に、生産が消費に追いついていないという経済的事情だろう。

なぜ、生産が消費に追いつかないかといえば、その理由は、単純に考えれば、人口が多すぎるからだ。アフリカの人口は、産業の発達速度に比べて二倍の速さで増えている。アフリカのほとんどの国では、過去四十年で人口が四倍になっている。経済発展とまったく釣り合いが取れていない。どんな国だって、人口がこれだけ急激に増えれば、国民を食べさせてはいけない。

戦後の日本はやはり、急速に人口が増えた。戦争直後、七二〇〇万人を切っていたそれが、二〇〇〇年には一億二六〇〇万人を優に超えた。人口が増え、消費が増え、生産が増え、それでGDPが急増した。戦後の日本にとって、人口の増加は恩寵だった。しかし、それが四倍に増えていたなら、生産が追いつかず、日本も貧乏な国になっていたかもしれない。

使い物にならない難民はいらない⁉

なぜ、アフリカでこれほど急激に人口が増えたかというと、これもやはり単純な話だ。

長年にわたる先進国の医療援助が効を奏し、予防接種が行き渡り、乳児や幼児の死亡率が下がったことが一番の原因だろう。しかし、そのために、食料にしろ、水にしろ、耕作地にしろ、教育にしろ、医療にしろ、すべてが不足し、生存競争だけがどんどん熾烈になっていった。そして、弱い者は飢えながら生きるしかなくなった。

たとえばナイジェリアは、かつては世界第四位の産油国だった。二〇一四年のＧＤＰは世界二十二位で、Ｇ20のすぐ後ろにいた（二〇一八年は原油の値崩れや、過激イスラム派のボコ・ハラムの復活などで三十一位まで落ち込んでいる）。教育水準もまあまあで、学卒者も多く、特にＩＴ関係が強いと言われる。

しかし、一九五〇年に四〇〇〇万人だった人口が、現在約二億。アフリカの全人口の四分の一がここに集中している。そして、二〇五〇年にはそれが四・一億になると予想されている。

だから、ナイジェリアでは今、大卒者の四人に一人は職がない。ましてや、高等教育とは縁のないその他の国民は、職どころか、石油の恩恵にも、産業発展の恩恵にも、ほとんど与《あずか》っておらず、その半数以上が一日一ドル以下という極度な貧困の下で生活しているという。富の在り処《か》が、異常に偏ってしまっているのだ。

しかも、この状況を打開するために、おそらくいちばん必要なはずの産児制限がうまくいかない。出産は女がするものだが、妊娠についての決定権はアフリカの女性にはない。アフリカでは、子沢山は男性の力の象徴でもある。そして、子供を沢山産み、育てることのできる女は、男性の財産の一つだった。

また、アフリカには無数の部族があり、政治家もいずれかの部族に属している。彼らにとって、自分の部族の人口の増加は、自らの権力の伸張でもある。だから結局、産児制限を進めるモチベーションは誰にもないというのが現実だ。

しかも、援助する側も、産児制限には口を出しにくい。西側社会の人間の頭の中には、家族計画はプライベートの領域という常識があるし、人口調整などという提案には、何となく植民地時代の支配者根性が復活したかのような印象、ひいては、ナチのイメージさえつきまとう。貧乏な人が、より貧乏にならないためには、子供をあまり沢山産まないほうがよいというのは厳然たる事実だが、豊かな者が貧しい者にそう諭すのは、結構、微妙で難しい。ときに援助団体が、現地の保健担当とのコラボで、避妊の仕方を広めているという話も聞くが、全体から見れば、おそらく焼け石に水なのではないか。

かつての中国が長いあいだ一人っ子政策を敷いていたが、産児制限はそのように国策として強権的に進めるか、あるいは教育が進み、国民が自発的に妊娠を控えるようになるか、どちらかのケースしか成功しないだろう。ただ、教育が進み過ぎると、今度は、人間は急に子供を産まなくなる。だから、現在の先進国では、少子化という真逆の問題が起こってしまった。

つまり、今のＥＵで起こっている難民問題の本質とは、お金と産業はあるが、若い労働力の足りない豊かな地域と、お金も産業もないが、若い労働力があり余っている貧しい地域が、地中海を挟んで隣り合わせに位置していることから始まっている（同じことが、北米と中米のあいだでも先鋭化していることはいうまでもない）。

当然、人は生存のために、貧しい地域から豊かな地域に移動しようとする。その流れは、まるで山から下ってくる川の水のように自然で、どんなダムを作ってもじわじわ染み込んでくる。そして今、ヨーロッパでそのダムは決壊寸前となってしまった。

汚職と腐敗が貧富の格差を広げる

アフリカが貧しいもう一つの理由である汚職について言うなら、トランスペアレンシー・インターナショナル（国際透明性機構）というＮＧＯの出した腐敗認識指数（二〇一八年版）が参考になる。それによると、対象国一八〇ヵ国中、ワースト10のうち八ヵ国はアフリカか、あるいはリビアのように、「アフリカ＆中東」と分類される国々だ。ちなみに、ナイジェリアの腐敗認識指数は、一四四位。人口の増大と汚職が、二人三脚でアフリカの貧困を助長させている。

結局、これまでアフリカに流れた膨大な援助金は、はっきり言ってほとんど役に立っていない。援助金で肥えた人たちは別にいて、彼らはこれからも肥えていく。しかも、それは誰もが知っているのに、その歪んだ状況があまりにも定着してしまい、もう変えようがない。援助金は違ったところに吸い取られ、貧富の格差はますます広がり、その結果、食い詰めた人たちがEUに向かって押し出されてくる。

ただ、それに対するEUの反応は複雑だ。EUは、「難民の庇護」と「EUの国境の防衛」という、すでにかなり矛盾した二つの正論を大上段に掲げているが、イタリアやハンガリーなどの本音は、「もう難民は一人たりとも入れたくない」というものだ。そのほかに、ドイツの本音もあれば、フランスの本音も、イギリスの本音もある。

ドイツでは、現在、あらゆる分野で労働力が不足している。良質、かつ安価な労働力は喉から手が出るほど欲しい。アフリカには、少なくとも安価な労働力はほとんど無尽蔵に存在する。しかも、その労働力ががむしゃらにEUを目指している。ただ産業界の抱える問題は、使い物にならない難民は欲しくないということだ。

つまり、一般の多くのドイツ国民は、人道のために難民を受け入れているつもりでも、産業界の狙いは別なところにある。さらに言えば、政府は難民と移民を、人口減少の防波堤としても考えていた。

つまり、ＥＵ二八ヵ国には、二八の本音があるだけでなく、それらの国の中にも複数の本音がある。だからこそ、ＥＵの難民政策は人道援助の衣を纏《まと》いながらも、あちこちで辻褄が合わなくなる。そして私には、そのダブルスタンダードぶりがいちばん顕著なのが、今、いちばん熱心に労働力を欲しているドイツであるように思えてならない。

「アフリカとのコンパクト」

二〇一七年六月、ベルリンで第一回目のアフリカ会議が開かれた。会議の主催は、「ドイツ経済アフリカ連盟」（Afrika-Verein der deutschen Wirtschaft e.V）という民間組織。実はこれは、その翌月開かれる予定だったハンブルクのG20サミットの根回し会議という意味合いが強かった。

というのも、その翌月のハンブルクG20サミットはドイツが議長国で、メルケル首相が、「アフリカ」を主要テーマに据えていたのだ。しかも、メルケル首相は、ここで「アフリカとのコンパクト（Compact with Africa）」というものを始動させようとしていた。つまり、その下準備がアフリカ会議だったといえる。ちなみに、コンパクトとは協定に似ているが協定ではなく、もちろん条約でもないので、法的な拘束力は一切ない取り決めだ。

では、ドイツが立ち上げようと頑張っていた「アフリカとのコンパクト」とは何か？当時のドイツの財務省のホームページには、大臣の次のような言葉が載っている。

「『アフリカとのコンパクト』は、経済協力におけるまったく新しい試みだ。過去の経験は、二国間、あるいは多国間の活動は、もっとより良くコーディネートすべきだという教訓を我々にもたらした」

これまでアフリカへの投資に多くの企業が二の足を踏んだ理由は、腐敗や教育程度の低さ、インフラの悪さ、熱帯病、犯罪などといったマイナス要因だった。そして、過去の援助のバラまき政策では、これらを改善することができなかった。

だから、これからのアフリカ援助は、違うやり方が必要だ。従来のように政府機関が主導権を握って一方的にお金を配るのではなく、アフリカに投資する民間企業をサポートする。つまり、補助は政府主導のプロジェクトではなく、民間企業のプロジェクトに与える。そうすることによって、投資の受け入れ側であるアフリカ側もモチベーションが高まり、プロジェクトの積極的なプレーヤーの一員として、諸手続きの効率化、規制の遵守、インフレの抑制、インフラの整備、法廷の透明化など、これまで国の発展を妨げていたマイナス要因の解消に力を尽し始めるはずだ。

ＩＭＦの試算では、アフリカが発展するためには、二〇三五年までに、アフリカ全土で、毎年二〇〇〇万の新規雇用を作り出さなければならないという。つまり、民間投資はいくらあっても足りない。投資をスムーズに進めていくためには、アフリカ諸国はもちろん、企業、国際機関、G20諸国の連携も密にする必要がある。そのためのプラットフォームを提供するのが「アフリカとのコンパクト」なのである。

これが軌道に乗れば、アフリカの経済が活性化し、難民が減り、おまけに投資する企業が儲かるというのが、ドイツ政府の表向きのアピールだった。独財務相曰く、「世界は、アフリカがより良い経済発展の道を歩むことに期待を寄せている」。ドイツ政府が口癖のように唱える、ウィン・ウィン関係の創出である。

未来の巨大市場参入への布石

ただ、これらの話をそのまま鵜呑みにするわけには、もちろんいかない。ドイツ政府が、難民を減らせるかもしれないと思っていたかどうかも分からない。「アフリカとのコンパクト」の第一の目的は、まずは、ドイツ企業のアフリカへの進出を、国際機関のお金で全面的にサポートすることだったのではないか。

そうでなくても、アフリカでは、過去に植民地を持っていたフランスやイギリスがいまだに強い影響力を振るっていた。そのうえ最近では、大量の中国企業が、中国政府の強力な後押しで、どんどん進出している。それに対抗するには、ドイツの民間企業を公金でサポートする機能を作らなければ勝ち目はないと、ドイツ政府は思っているはずだ。アフリカは未来の巨大な市場なのである。

ただ、ドイツ以外の多くのG20の国々の民間企業が、アフリカ事業に奮って投資できるかといえば、それはかなり難しいだろう。たとえば、G20の一員である日本も、当然、同コンパクトには加わっており、資金も負担しているが、「アフリカとのコンパクト」に積極的に参加するには、アフリカはいささか遠すぎる。しかも、治安の悪さも企業の進出にとっては大きな障害だ。

日本は、ドイツやフランスのように、いろいろな理由でアフリカのあちこちに軍隊を常駐させている国と一緒にはならない。現地で何かあっても、自分たちの力で自国民を守ることさえできないのだ。その危惧は、二〇一三年のアルジェリアのテロのときに現実となった。二の足を踏むにじゅうぶんな理由がある。

つまり、このコンパクトの第一の受益者は、誰がどう見ても、ドイツであると思われた。ドイツ政府には、アフリカに進出したいという強いモチベーションがあり、ドイツの企業には、投資する実力がある。だからこそ、メルケル首相は、「私たちは、アフリカがドイツ経済にとって、将来、良い市場となることを知っています」と明言して、ドイツ企業の背中を押そうとした。ちなみに、ドイツの投資対象の候補になったのは、コートジボワール、ガーナ、チュニジアの三国だった。どれもアフリカの中では、比較的裕福な国である。

一方、「アフリカとのコンパクト」についての批判は、NGOから多く発せられていた。彼らは、投資を外国の民間企業とアフリカ諸国に任せると、雇用は増えるかもしれないが、アフリカの発展のために本当に必要である教育や医療、社会福祉、人権保護などがおろそかになるだろうと警告した。しかも、いちばん貧しい国々が、このプロジェクトからはじき出されていた。

ただ、私は、NGOが「アフリカとのコンパクト」に反対した真の理由は、これまで彼らが采配していた潤沢な開発援助金の行き先が変わってしまうことに対する不満が、いちばん大きいのではないかとも思う。

いずれにしても、ドイツ政府がパタパタと煽った「アフリカとのコンパクト」は、あちこちで砂埃《すなぼこり》を舞い上げていた。しかし、それが本当に成功に結びつき、アフリカの産業が少しでも活性化し、アフリカ人が難民として危険な海に乗り出さなくてよい日がいつか来るのかどうかは、まだ誰にも分からなかった。

アフリカの首脳たちの思惑

さて、その十五ヵ月後、二〇一八年の十月、ベルリンで第二回目のアフリカ会議が開かれた。アフリカ諸国からは、十二人の首脳が招かれていた。

ここで明らかになったのは、前年、鳴り物入りで始まった「アフリカとのコンパクト」の興奮は、すでに一年で萎《しぼ》んでしまったということだった。アフリカ投資を困難だと見たのは、日本企業だけではなかったのだ。アフリカの闇は深い。

ドイツの財務省の試算では、二〇三〇年までにすべてのアフリカ人が電気と水を手にするには、五三七〇億ユーロの投資が必要だという。しかし、今のところ、まだ投資はその半分にも満たない。

投資の進まないそもそもの原因は、肝心のアフリカ諸国の首脳たちが熱心ではないということもあった。彼らにとって融資や技術協力は大歓迎だが、そのために何かの努力をするとなると、ハードルが高い。アフリカは、悲しいことに、援助慣れしてしまっている。何もしなくても援助が来るなら、何もしないという体質が、長年のあいだに染み付いてしまったらしい。

ましてや、アフリカ側に求められていた、難民が外へ出ないための監視とか、外国で罪を犯した自国民の引き取りなどは、彼らにとっては何の旨みもない。違法であれ、合法であれ、ＥＵに渡った自国民が送金してくるお金は、外貨不足を補ってくれる有難い財源だし、一度出て行った自国民を、失業者が溢れている母国に連れ戻すモチベーションなど、逆立ちしても出てこない。それどころか、彼らにしてみれば、本来ならもっと大勢、できれば合法的にＥＵに送り込みたいところだろうから、「アフリカとのコンパクト」など、そもそもうまくいく道理がなかった。

今やアフリカの首脳たちは、自国から脱出する難民が、ＥＵから援助を引き出すための強力な武器となっていることを知っている。二〇一五年にドイツ国境を開いたことで他のヨーロッパの国々からさまざまな非難を受けているメルケル首相は、何らかの解決法を編み出すプレッシャーにさらされている。アフリカ諸国にとっては、それも案外好都合なことなのかもしれなかった。

メルケル首相の大盤振る舞い

ただ、当てが外れても、メルケル首相はもはや、ひたすら前進するしかない。そこで、第二回ベルリン会議で、彼女は、さらに十億ユーロの発展投資ファンドの設置にＯＫを出した。この会議のあと、主催者であるドイツ経済アフリカ連盟の会長は、「メルケル首相は私の願いをすべて叶えてくれた」と満足を隠さなかった。

そのうえ、メルケル首相は、すでにドイツに入っているアフリカ難民のうち、難民資格を得られなかったアフリカ人に対して、労働ビザ、および大量の学生ビザを発行し、産業界の経営者たちを感動させた。産業界にとっては、ドイツ政府がビザを出した見返りに、アフリカ諸国との商談が軌道に乗るのも喜ばしいが、それ以上の得策は、難民の中の優秀な人たちが母国送還を免れ、合法労働者、あるいは、留学生に切り替わることだ。学生の中の何割かは、いずれ質の良い労働者や技術者になるだろう。

それに比して、一般国民の難民に対する感情は消極的だ。国民としては、優秀な難民が産業界にもたらす恩恵はあまり実感できないが、労働力となれない難民を養うための膨大な経費が、自分たちの納めている税金から出ていることだけは、嫌というほど分かっている。

また、治安の悪化も深刻な問題だ。たとえば二〇一七年、ドイツで検挙された外国人犯罪者のうち三番目に多かったのがナイジェリア人だった。しかし、そのうちの重罪犯でさえナイジェリア政府が引き取りを拒むため、母国送還ができない。

つまり、ドイツの警察が見ている難民と、ドイツ国民が見ている難民と、そして、ドイツの産業界が見ている難民は、まったく違った姿であるといってもよいだろう。

独裁者を歓待するドイツ首脳と産業界

さらに、アフリカ援助に常にこびりつくのは、モラルの問題だ。たとえばルワンダのカガメ大統領は、「アフリカで起きた二十世紀最大の悲劇」と呼ばれる虐殺事件（一九九四年、一〇〇日間で八〇万人が虐殺されたとする事件）において中心的役割を果たした人物だが、彼の独裁政治は、今年で十九年目に入っている。しかも現在は、隣国コンゴでの殺戮にも関わっているともいわれるが、その彼をメルケル首相はアフリカ会議の際、手厚くもてなした。カガメ大統領の任期は、二〇三四年まで続く予定だ。

他の政治家たちも、やっていることは変わらない。ドイツのシュタインマイヤー大統領は、エジプトのシーシー大統領をベルヴュー宮殿（大統領官邸）の晩餐会に招待して、丁重に歓待した。二〇一一年の革命でムバラク政権が倒れたあと、選挙で合法的に政権を獲得したのは、ムスリム同胞団のムルシー大統領だったが、二〇一三年、それをクーデターで倒したのが軍人のシーシーだった。そして、そのあと、何千人ものムスリム同胞団の政治家を処刑したり、牢屋に放り込んだりしている。こちらも、どうみても独裁者である。

ちなみに、独裁や異民族迫害は中国共産党も同様だが、メルケル首相は、「中国はドイツにとってアジアでいちばん大切な国」と公言して憚《はばか》らない。ドイツ人の商売第一は筋金入りだ。

貧困、病気、汚職……。アフリカには数多《あまた》の問題がある。先進国が長年アフリカに注ぎ込んできた援助金は、それをほとんど改善できなかったばかりか、かえっていびつにしてきたことはすでに記した。そして、その図式は、「アフリカとのコンパクト」と援助の名前が変わっても、それほど変わらない。

しかも、これまでは、諸問題はアフリカ大陸内に留まっていたが、今、そこに新たに、難民という動き回る問題が加わった。難民の受け入れは、移住できた難民の生活は向上させても、難民の出身国のためにならない。一国から、元気で優秀な働き手を奪ってしまうわけだから、そうでなくても貧しい国は発展の可能性をさらに失う。先進国が難民を受け入れれば受け入れるほど、アフリカには、いちばん貧しい人たちが残るだろう。そして、農林も水産も鉱工業も、すべては外国資本の手に落ちる。これではアフリカは永久に豊かになれない。

もし、現在、難民受け入れにかかる膨大な経費を、アフリカの現地に効果的に投入したならば、おそらくその何分の一の額で、アフリカはずっと豊かになるはずだが、では、それを誰が望んでいるのかと考えると、分からなくなる。アフリカ難民は、作られるべくして作られたものだという気がしてならない。

第四章

大きく変わった
ドイツの風景

労働者としてドイツに住み着いた外国人たち

私がドイツに渡ったのは一九八二年。そのころ、ドイツにはすでにたくさんの外国人が働いていた。ゴミの収集や、道路の清掃をしている人たちは、すべてといってよいほど皆、外国人だったし、ビルの清掃人も工場労働者も外国人が多かった。おそらく、一般市民の目にはあまり触れることのない３Ｋと呼ばれる職業などは、丸ごと外国人労働者のものだったのではないか。

それから四十年近くが過ぎ、今では３Ｋだけではなく、すでにあらゆる分野の職業に外国人、あるいは外国系の人が携わっている。昔の外国人労働者は、トルコ人のほかは、イタリア人、ギリシャ人、ポルトガル人など南欧の人たちだったが、今では、旧ユーゴスラビアや、東欧の人たちがたくさんいる。フランス国境のところにはフランス人、同じようにスイス、デンマーク、オーストリアの近くでは、毎日、国境を越えて通勤している外国人もいる。

また、最近は、昔は全然いなかった中国人がものすごく増えた。大半は旅行者だが、住み着いているのは、大中小、さまざまな規模のビジネス関係者。とにかく、あまり多いので、このごろドイツ人は東洋人を見たら、皆、中国人だと思うらしく、私がレストランやカフェに入っても、サービスのつもりだろう、「ニーハオ！」と呼びかけてきたりする。あまり嬉しくない。昔のドイツ人は、「コンニチハ」と話しかけてきたものだった。

さらに二〇一五年以降は、難民として入った中東人、および、北アフリカ風の人の姿も目立つ。これらの人たちの中には、最終的にドイツには留まれないケースも多いはずだが、実際には送還はほとんど行われていない。というのも、それを管理している自治体の役人たちが、規則はどうあれ、自分が難民強制送還の「仕手《して》」になるのだけはごめんと思っているからだ。

そんなわけで、ドイツの風景はこの二十年ほどで、決定的といってもよいほど様変わりしてしまった。難民にしろ、移民にしろ、とにかく外国人が増えた。難民は、時間が経てば移民となる確率が高いので、その区別も曖昧になっている。いずれにしても、ドイツ社会は外国人の労働力なしには一日たりとも機能しないほど彼らに依存している。

ただ、これだけ外国人労働者を入れておきながら、特にＣＤＵ（キリスト教民主同盟）はつい最近まで、ドイツが移民国であることを否定し続けていた。だから、外国人労働者にドイツ語を教えることもせず、また、ドイツ文化に溶け込ませる努力もしてこなかった。

それどころか、二〇〇〇年代の初めごろ、シュレーダー政権がカナダなどのグリーンカード制を真似して、ＩＴの専門技術者などを導入しようとしたとき、野党だったＣＤＵの政治家の一部は、Kinder statt Inder（インド人より子供たちを＝インド人を雇うなら、ドイツで失業している若者を養成して使おうという意味）などと広言していた。いずれにしても、ドイツには公式の移民政策は、実際問題としては、長いあいだ存在しなかったということだ。

警察も入りたがらない無法地帯

そのせいで、今になってさまざまな後遺症が出てきた。たとえば、すでに二世、三世でありながらドイツ語がよくできない移民がいるし、ドイツ社会とはほとんど交わらない外国人租界のような平行社会もできてしまった。それどころか、幾つかの都会では、暴力組織に支配された、警察も足を踏み入れたがらない no go area まで定着している。そういう無法地帯からは、当然、ドイツ人が消え、ドイツ語が通じない学校だけが残った。しかし、就学児童がいるわけだから、学校を閉鎖するわけにもいかない。暴力がはびこった学校は、犯罪社会の二軍チームといった様相まで帯びるようになった。そんなわけで、この期《ご》に及んで、ようやくドイツ政府も移民の統合に本腰を入れはじめたのだが、いささか遅すぎるような気はする。

ドイツが戦後、外国人労働者を導入しはじめたのは一九五五年のことだ。戦後の経済成長期、日本は人手不足を自力で乗り切ったが、ドイツ政府はこの年のイタリアを皮切りに、ギリシャ、スペイン各政府と、次々に労働者受け入れの協定を結んだ。さらに六〇年代にはトルコ、モロッコ、ポルトガル、チュニジア、ユーゴスラビアと拡大していく。

それらの労働者の一部は、七〇年代の終わりごろからドイツの景気がしだいに落ち込んで、職がなくなっても帰国しなかった。それどころか、彼らは母国から家族を呼び寄せ、いつの間にか、しっかりと居着いてしまった。今では彼らの多くがドイツ国籍を得ている。

一九九〇年代には、共産圏の崩壊とユーゴ内乱に伴い、ドイツは再び大量の移民、および難民を受け入れた。ロシア、東欧といった共産圏には、元々ものすごい数のドイツ系の人たちが暮らしていた。それらは、ナチの膨張とともに進出していった人たちではない。多くの土地では、ドイツ人はずっと昔に移住して、何世紀ものあいだ、そこを故郷として根付いていたのである。

たとえば、ルーマニアには十二世紀ごろ、当時のハンガリー、およびクロアチア王であったゲーザ二世の招聘で、ドイツ地域（当時はドイツという統一国はなかった）はもとより、西ヨーロッパ全体から多くの職人、今でいう技術者が移住した。そのルーマニアでドイツ人は、驚くべきことに七〇〇年間、ほとんど混血せず、ドイツ人の集落を作り、ドイツ語を母国語として暮らしていたのだった。

ルーマニアは、第二次世界大戦時、枢軸国側についていたため、終戦直後は、ドイツ人は男女ともにロシア軍に駆り出され、収容所で数年間、過酷な労働に従事させられた。しかし、それが収束すると、また、ひっそりとしたドイツ人の集団としての元の生活に戻った。だから、彼らはルーマニア国籍を持ちながらも、意識的にはほぼドイツ人のまま暮らし続けた。

敗戦後のドイツに戻ってきたドイツ系外国人

第二次世界大戦後の国際舞台におけるドイツは、ホロコーストのせいで名誉も信用も失い、それらを取り戻すため、長いあいだ、大変な努力が必要だったことはよく知られている。最初は、西側諸国に受け入れてもらうことばかりに没頭していたドイツ政府だったが、アデナウアー首相から三代続いた保守ＣＤＵの政権が、ヴィリー・ブラント首相の社民党に変わると、ようやく東方との関係改善に着手した。ブラント首相は東方との和解のため、それまでドイツがソ連やポーランドと争っていた自国の領土をすべて放棄するのである。

ブラント首相がワルシャワのユダヤ人ゲットーの記念碑の前で跪《ひざまず》いている有名な写真がある。一九七〇年のもので、これが、ユダヤ人に対するドイツの謝罪の姿として世界中を駆け巡った。ホロコーストの重圧を背負ったドイツが国際舞台への足掛かりを築いていった苦渋の年月を如実に表している写真だ。

ただ、ブラント首相の、ドイツの固有領土までを投げ打った東方外交への反発は大きかった。彼が一九七一年にノーベル賞を受賞したときのパーティには、野党の議員はたった一名しか来なかったという。

さて、ちょうどそのころ、多くのドイツ系ルーマニア人がドイツに戻ってきている。戦争のせいで辛酸を舐めたうえ、今では自由諸国に出ることもできなくなっている旧同胞に対して責任を感じていたドイツ政府は、ルーマニア政府と交渉し、一人当たり幾らかのお金を払って希望者を帰国させている。このプログラムにより、一九六七年と一九八九年のあいだに、二二万六六〇〇人以上のドイツ系ルーマニア人がドイツに戻った。

その後、一九八九年、ベルリンの壁が落ちたすぐあと、ルーマニアの独裁者、ニコラエ・チャウシェスク大統領が革命で倒され、ルーマニアからドイツへの人の流れは、もう一度大きなうねりとなった。革命時、ルーマニアにまだ八〇万人いた元ドイツ人たちは逃げるようにドイツに帰還し、今は、もうほとんどいない。ルーマニアのドイツ人の歴史は終焉したのである。

ドイツ系移民がロシアで受けた仕打ち

元ドイツ人は、ロシアにもいた。こちらの人々の運命はというと、その過酷さ、悲惨さではルーマニアのケースとは比べ物にならなかった。

ドイツ人が大量にロシアに移住したのは十八世紀初頭、ロシア帝国のピョートル大帝時代だ。その後、ドイツ出身のエカチェリーナ二世がロシアの女帝になり、十八世紀末までに、多くの貧しいドイツ農民が、ヴォルガ川の下流域に入植した。彼らはヴォルガ・ドイツ人と呼ばれ、ドイツ語、ドイツ文化を維持しながら暮らした。十九世紀の終わりには、その数は一七九万人に達していたというから、ヴォルガ・ドイツ人はロシア内の一大勢力であったわけだ。

その彼らを襲った最初の受難は、ロシア革命だった。宗教をアヘンとするボリシェヴィキ政権によって、敬虔なプロテスタントであったヴォルガ・ドイツ人は激しい迫害を受けた。しかし、やがてロシア内戦が収まると、ドイツ人敵視も和らいだらしく、一九二四年には、「ヴォルガ・ドイツ人自治ソヴィエト社会主義共和国」が建てられた。ドイツ人（正確にはドイツ系ロシア人）の正式な自治共和国である。

一九三九年九月、ドイツとソ連がポーランドに攻め込み、第二次世界大戦が始まった。

このとき、ドイツとソ連は独ソ不可侵条約を結んでおり、あっという間にポーランドを切り分けた。ところが二年後、ヴォルガ・ドイツ人の運命は一変することになる。ヒトラーが、一九四一年にその独ソ不可侵条約を破棄して、ソ連に侵攻したからだ。

これにより、ヴォルガ・ドイツ人はたちまち敵性市民となり、これ見よがしにスパイ、あるいは、ヒトラーに協力する破壊分子という罪が着せられた。そして、家畜のように列車に積まれ、シベリアとカザフスタンに送られた。強制移住である。想像を絶する輸送環境の下、多くの人、特に女性と子供が命を落としたという。

引っ越し先では、故郷で手放した財産と同等のものが与えられるはずだったが、それは反故《ほご》にされ、証書は紙くずとなった。財産どころか、彼らには住む場所さえなく、多くの人たちが仕方なく、露天に穴を掘って暮らした。こうして、かつて栄えたヴォルガ自治共和国は消滅したのである。

共同体を失った彼らは、その後、てんでばらばらになった。ドイツ語もしだいに失われ、信仰もプロテスタントから、いつの間にかロシア正教に変わった。ようやくドイツ人が公式にスパイの嫌疑を解かれたのは、一九六四年のことだった。

ドイツ政府には、ルーマニアのドイツ人と同じく、これらソ連のドイツ人も助けなくてはならないという思いがあった。そこで一九七〇年代、彼らにも帰国の道が開かれた。こうして、一〇〇万人いたといわれるカザフスタンのドイツ系の人たちは、八〇年代には二五万人にまで減少した。

移民と難民が押し寄せた九〇年代

二度目の大帰国ブームは、言うまでもなく、一九九〇年のソ連崩壊のあとだ。九〇年以降から二〇〇〇年の初頭までに、ロシア全土から戻ってきた元ドイツ移民の子孫は二〇〇万人に上った。しかし、ドイツを第二の故郷と信じて戻ってきた彼らを待っていたのは、同胞のはずのドイツ人の冷たい視線だった。ドイツ人にしてみれば、ドイツ語も解さず、ドイツ文化も失ってしまっていた彼らは、単に、ロシアの田舎からやって来た、遅れた人たちに過ぎなかった。結局、ロシアからの帰還者は、念願のドイツ国籍を取れたものの、幸せに暮らせたかというと、そうとばかりは言えない。慣れない土地で、しばしば差別的に扱われているうちに、多くの人々の心の中で、カザフスタンが懐かしい土地となって膨らんでいった。

いずれにしても、九〇年代は、ドイツに絶え間なく移民と難民が入ってきた時代だった。ロシアやルーマニアからの、ドイツ系の人々の帰還とは別に、世界各国から亡命を求める人々、戦火を逃れてくる難民が、ものすごい勢いで殺到した。皆が、ドイツの基本法にある「政治的に迫害される者はドイツで庇護権を享有する」という条項に縋《すが》っていた。

ドイツの扉を叩く人の数は、一九九一年には十六万八〇二三人だったが、九二年には二一万六三五六人となり、一九九三年には五一万三三五六一人でピークに達した。その全員が難民資格を得られるわけではなかったが、実際には、多くの人がドイツに留まったことはいうまでもない。

難民がどこから来たかというと、一九九二年の場合、いちばん多かったのがユーゴスラビアで二六パーセント、二番目がルーマニアで二四パーセント。ユーゴスラビアは内戦、ルーマニアはチャウシェスク政権の瓦解が原因である。そして、ブルガリアが七パーセント、トルコが六・五パーセントと続く。トルコから来たのは、政府から迫害されたとするクルド族がほとんどだった。

一九九七年になると、トルコが一番で一六パーセント、ユーゴスラビアが一四パーセント、そしてイラク、アフガニスタン、スリランカ。イラクもやはりクルド族が多く、スリランカは内戦のせいだった。難民を見れば、そのときの世界の政情がよく分かる。

ヨーロッパで始まった国境をなくす試み

このころ、実はヨーロッパの状況も一変していた。一九八五年、ヨーロッパ内で、国境検査をなくそうというシェンゲン協定が、西ドイツ、フランス、ベネルクスの計五ヵ国のあいだで結ばれた。ここに一九九五年、スペインとポルトガルが、一九九七年にはイタリアとオーストリアが加わり、九〇年代の終わりには、九ヵ国内での往来がほぼ自由になった。

その後もシェンゲン国はどんどん増え続け、現在は、デンマーク、エストニア、フィンランド、ギリシャ、アイスランド、リトアニア、リヒテンシュタイン、レットランド、マルタ、ノルウェー、ポーランド、スウェーデン、スイス、スロバキア、スロベニア、チェコ、ハンガリーが加わり、計二六ヵ国となっている。

これを見れば分かるように、ノルウェーやスイスなど、EUの加盟国でない国がシェンゲン協定に入っているかと思えば、イギリスやキプロス、ブルガリア、ルーマニアのように、EUの加盟国でありながらシェンゲン協定には加盟していない国もある。イギリスは、入りたくないから入っていないといえるが、キプロスやブルガリアやルーマニアは、まだいろいろな規定をクリアできておらず、仲間に入れてもらえない。とはいえ、これらの国々でも実際には、常に国境検査を行っているわけではなく、フリーパスに近くなっているケースがほとんどだ。

当然のことだが、シェンゲン協定の加盟国が増えるにつれ、EUでの人間の移動はますます自由に、そして盛んになっていく。ＥＵの理念は「ヨーロッパは一つ」。具体的に言うなら、「人、物、金、サービスの自由な移動」だ。

国境がなくなれば、国家という観念は曖昧になる。現在もすでに、ＥＵ市民は原則、ＥＵ圏のどこに住んでもよく、どこで働いても構わない。移り住んだ国の国籍を取らない限り国政選挙権はないが、労働条件や福利厚生は、その国の国民と同様に適用される。ただ、ヨーロッパ議会の選挙だけは、たとえＥＵの国籍を複数持っていても、一度しか投票してはいけないことになっている。

難民が移民となる

ここで、先を書き進めるため、若干の整理をしたい。難民の定義は先に書いたが、移民の定義とは何かということだ。

日本では移民というとブラジル移民などを連想するが、広義の移民とは、住む場所を変える人だ。移住の理由は問わない。だから、政治亡命者も経済難民も、在留が許可されれば、広義の移民である。帰化すれば、もちろん正真正銘の移民。日系ブラジル人などがこれに当たる。

在留の許可証《ビザ》には、幾つものレベルがあり、永久ビザと言われるものもあれば、期限付き、条件付きのものもある。留学生や海外赴任のビジネスマンは、ビザのステータスが違うが、長く滞在していれば、統計上は移民としてカウントされるだろう。

ドイツにいる外国人は、一定の期間を過ぎると、ドイツ国籍を取得できるようになる。現在の規則では、八年間ドイツに合法的に居住し、生活保護や失業保険などの世話にならず、法律を守って暮らしていれば、原則、ドイツ国籍は取れる。ドイツ人と結婚している人も同様だ。

今、世界には、ドイツの国籍を、喉から手が出るほど欲しがっている人はたくさんいる。ただ、日本人は例外らしく、私の日本の知人の中には、ドイツ国籍をくれると言われても、もらった人は一人もいない。ドイツの国籍を別段欲しくないということは、日本がいかに良い国であり、日本人がいかに恵まれた国民であるかの証拠だ。

実際、日本人がドイツで生活するには、日本のパスポートのままでも、ドイツの在留許可があれば何の問題もない。違いは、選挙権がないことぐらいだ。だから、ドイツ国籍取得への触手は働かない。

日本とドイツ間ではダブル国籍を認めておらず、ドイツ国籍を取ると、日本国籍を返上しなければならなくなるというのも、触手の働かない大きな理由の一つだ。日本人は、そう簡単に日本国籍を捨てないのである。

四人に一人が移民

国連のデータによれば、二〇一八年、世界中で七〇八〇万の人間が、故郷を離れて移動していたと言われる。二〇一六年の末には六五六〇万人だったので、急激な伸びだ。彼らの多くが、ＥＵ、アメリカ、カナダなどへの移住を希望している。目的地がＥＵの場合は、ドイツ、オーストリア、ベネルクス、イギリス、そして北欧。ＥＵではないが、スイスやノルウェーも賃金が良いため、絶大な人気がある。

ドイツに外国人が多いことはすでに述べた。連邦統計局によれば、二〇一八年末、一〇九〇万の外国人がいた。一年で三〇万人も増えている。すでに総人口の一三パーセントが外国人である。

さらにここに、「移民の背景を持つドイツ人」を加えると、その数はほぼ二〇〇〇万人となる。「移民の背景を持つドイツ人」というのは、今はドイツ国籍を持っているけれども、本人、あるいは、両親の少なくとも一人が、出生時にドイツ国籍を持っていなかった人のことだ。つまり、ドイツに帰化した外国人や、その子供のこと。そして、それら「移民の背景を持つドイツ人」と、在留外国人を足すと、全人口のほぼ四人に一人となる。植民地をほとんど持たなかった割には、移民率は高い。二〇一八年のサッカーのワールドカップのメンバー二三人を見ても、七人が移民系だった。ドイツでは、たとえドイツ人らしくない風貌の人たちでも、そのほぼ半数は、すでに国籍はドイツなのである。

では、元からのドイツ人はというと、これも、かなり雑多だ。ヨーロッパでは古来より動乱やら宗教的迫害などのたびに大量の人間が移動したし、王族や貴族も他国を侵略したり、政略のため花嫁をやり繰りしたりで、結構、縦横無尽に混血している。だから、純粋といっても、一応ドイツ語を母国語とし、ドイツ文化を主体とした地域で、百年ぐらい暮らしてきた人たちという程度の意味である。ほぼ単一民族で何千年も暮らしてきて、しかも、そのあいだに二五〇年も鎖国の続いた日本とは訳が違う。

ドイツでいちばん多いのはトルコ系移民で、現在、約三〇〇万人もいる。前述のように、多くはドイツに溶け込んで暮らしているが、それでも、いざエルドアン・トルコ大統領が来独して立会演説をするとなると、フィーバーするトルコ人は多い。それは彼らの国籍がたとえドイツであろうが変わりない。祖国愛はそう簡単に消えるものではないのだ。

トルコ人の愛国心は、ドイツとトルコの関係が良好なあいだは何の障害にもならないが、現在のように冷え込んでくると、ドイツにとって獅子身中の虫となる可能性も生じてくる。移民問題の難しさである。

移民によって出生率が上がりはじめる

外国人は、職のあるところに移り住むので、都会に集中する。しかも、景気の良い都会である。私の住むシュトゥットガルト市（ドイツ六番目の都市）がそういう町の一つで、当然、外国人の割合が高い。

市の人口六一・二万人（二〇一七年）のうち、外国人が十五・五万人。そこに「移民の背景を持った人々」十一・七万人を加えると、二七・三万人となり、すでに全体の四四パーセントを超える。そして、こういう都市がEUにはいくつもある。

下がる一方だったドイツの出生率は、実は、二〇一三年以降、徐々に上がりはじめている。これは、このころから、難民が流入しはじめたことと関係している。すでに記したように、二〇一五年には一気に八九万人もの中東難民が入ったため、二〇一七年の出生率は急激に増加した。イスラムの人たちは子供をたくさん産む。

この調子で外国人の子供が増えれば、あと四、五十年で、ドイツ人は少数派になるという人もいるが、私は、そうはならないと思う。五十年前に流入したトルコ人移民の例を見ると、たくさん子供を産んだのは最初の世代だけで、あとはだんだん落ち着いていくからだ。それでも、現在の新参者である中東の人々はまだ子沢山なので、幾つかの自治体は、今回の難民流入が少子化に対する防波堤になるかもしれないと喜んでいる。

今、ドイツに住んでいる外国人のうち、どこの国の人がいちばん多いかというと、EU内の外国人だ。それも、二〇〇四年にEUに加わったポーランド、ルーマニア、ブルガリアの三国の人たちが、ものすごく多い。

EUの拡張政策と経済格差

EUは二〇〇四年に破格の東方拡張を図った。ポーランド、ハンガリー、スロバキア、スロベニア、チェコ、マルタ、キプロス、そして、エストニア、ラトビア、リトアニアの計十ヵ国が新しくEUに加盟した。旧ソ連の衛星国がごっそり含まれていたことが、当然、ロシアをいたく刺激した。NATOも、東方拡大はしないと言いつつ、すでにそれをあっさりと反故にしていたため、ロシアは西側に対する不信感を一層強めることになった。この確執がその後のウクライナ問題などに発展していったと思われる。

しかも、EUの拡大は、それで終わるわけではなかった。その三年後の二〇〇七年、さらにルーマニアとブルガリアが加わった。そして、二〇一三年にはクロアチアまでがEUとなった。これからもまだ、その他の旧ユーゴ諸国やアルバニアなどが続く予定だ。

EU内の経済格差は大きい。二〇一九年現在、ルクセンブルクの法定最低賃金は時給十一・五五ユーロ、フランスが九・八八ユーロ、ドイツは八・八四ユーロだ。一方、ポーランドは二・八五ユーロ、ルーマニアは二・五〇ユーロ、ブルガリアに至っては一・五七ユーロ。子供手当も同様で、ドイツの一子目は一九四ユーロだが、ギリシャはたった五・八七ユーロだ。これだけの格差があれば、賃金の安い国から高い国へ、社会保障の貧弱な国から潤沢な国へと、労働力はどんどん流れていく。しかも、EU市民なら、それは合法なのだから、この流れは留まるところを知らない。

ただ、EUには、既存の加盟国は新しい加盟国に対して労働市場をすぐに開放しなくてもよいという規則がある。つまり、最高で七年間、市場を保護することができる。もちろん、労働市場の無為な混乱を防ぐことが目的だ。

二〇〇四年当時、イギリス、アイルランド、スウェーデンは、即時、市場を開放したため、二〇〇四年以来、大量のポーランド人がイギリスに流れた。そんなわけで、現在、イギリスには、ほぼ一〇〇万人のポーランド人が暮らしていると言われる。イギリスの医療部門は、すでにポーランド人抜きには機能しない

一方、ドイツが新加盟国に市場を百パーセント解放したのは、七年という最大の猶予期限を利用したあとの二〇一一年五月のことだった（ただし、マルタとキプロスに対しては、労働者の大量流入の恐れがなかったため、それ以前に開放済み）。これ以後ポーランド人

が本格的にドイツの労働市場に入りはじめる。

そして、三年後の二〇一四年には、やはり七年の猶予期間の満期が過ぎ、ルーマニアとブルガリアの労働者の参入が解禁となり、ようやくEU二七ヵ国（当時はまだクロアチアが解禁になっていなかった）における「EU単一市場」が完成した。すなわち、皆が他国に勝手にやって来て、勝手に職を探すことができるという、完全に自由経済に支配された労働市場が、歴史上初めて生まれたのである。

移民受け入れ国のデメリット

二〇一一年、ケルンのドイツ経済研究所は、二〇二〇年のドイツの人口は、これらの国々からの移住者で一二〇万人増えるだろうと予測したが、これがほぼ的中した。二〇一八年までで、ドイツのEU外国人の労働者は一一〇万人増えている。ドイツもイギリスと同じく、もはや東欧からの労働力なしにはやっていけない状況だ。

移民の労働力は、ドイツの産業界に大きな利益をもたらしてはいるが、もちろん、デメリットもある。移民の就く職業が、医者であれ、介護士であれ、工場や工事現場で働く労働者であれ、そこに、安い賃金で働く用意のある人が大量に流れ込んで来れば、賃金の上昇にブレーキがかかる。そうなれば、従来の被雇用者たちも安い給料で働くしかなくなる。

つまり、移民のデメリットを直に被るのは、ドイツでそれまで働いていた労働者といえる。そのうえ、移民が失業して生活に困れば社会保障費が費やされるし、病気になれば医療費も支払われる。つまり、産業界が利益を得たとしても、それによってドイツ全体の経済が活性化し、国民の賃金が上昇し、国や地方自治体の税収入が増し、社会保障費の増大を相殺できるようになるかというと、それは分からない。というのも、ドイツ経済は現在、EUの勝ち組と言われながら、一方では、貧富の格差の拡大が大きな社会問題となっているからだ。

移民を送り出した国の打撃

ただ、移民のために本当に深刻な問題を被っているのは、実は、移民の受け入れ国ではなく、送り出し国のほうだ。賃金の安い国から高い国へは、単純労働者だけでなく、優秀な頭脳や技能保持者も流出する。ドイツもイギリスと同じく、医師、看護師は常に不足しており、多くの人材を東欧の国から補充している。介護の現場など、すでに東欧女性の独壇場となりつつある。

ドイツはもちろんそれで良いだろうが、しかし、送り出し国では、医療機関の空洞化がすごい勢いで進んでいる。それらの国では、せっかく税金を投入して育てた大学生が、卒業した途端にいなくなってしまうのだ。

たとえば、ルーマニアの人口は、現在、どんどん減っている。特に若年層が職を求めて国外に出ていく。残っている人たちは、送金されるお金で暮らしているが、一応暮らしていけるだけでなく、じゅうぶん暮らしていけるから、なお始末が悪い。一家の中にEUで働いている家族がいるか、いないかは、外からその家を見ただけですぐに分かるとまで言われる。経済格差は、EUの中だけでなく、それぞれの国の中でもどんどん広がっているということだ。

ルーマニア人の出稼ぎは、すでに九〇年代、チャウシェスク政権が倒れたときから始まっていた。そのときの一群は、近いこともありイタリアに行き、そこに居ついてしまった。それに加えて、今では、多くの人がイギリスやドイツで働いている。世界銀行の発表によれば、就労可能なルーマニア人の五人に一人がすでに母国をあとにしたという。その多くはおそらく、年を取っても戻ってこないだろう。

そのほか、移住はしないまでも、収穫の時期などに、二ヵ月ほどドイツへ出稼ぎに行くルーマニア人は多い。ドイツ人にとってはさして魅力的な額ではないその報酬が、ルーマニアの平均年収を上回るそうだ。ただ、本来なら、ドイツの収穫の季節は、ルーマニアでも同様のはずだ。それなのに、皆が出稼ぎに行くのだから、国内の農業はすでに潰れかけている。

また、いなくなるのは農民だけではない。医師の三分の一が外国に出ていってしまう。医師の養成には多くの税金がかかるが、それが国民の役に立たないわけだ。当然、国内の医療は瓦解していく。このままでは、教育システムさえ成り立たなくなる。需要と供給の関係で賃金が決まるのは自由主義の法則とはいえ、これでは送り出し国の健全な発展など、いつまで経っても望めない。

なのに、そのことがEUでは一切問題として論じられていない。その反対で、こういう状態をさらに進めることが、あたかも民主主義の理想の実現のように語られている。特にメルケル首相は、この流れをさらに広げ、将来は、EUの経済小国からの移民だけでなく、対象国をアフリカや中東にまで拡大させようとしているのだ。

難民と移民のための国際的取り決め

二〇一八年十二月、モロッコのマラケシュで開催された国連の会議で、「安全で秩序ある正規移住のグローバル・コンパクト（The Global Compact for Safe, Orderly and Regular Migration）」が採択された。世界が一体となって移民を保護するための国際的な枠組みだという。ここでは、移民、および移住は良いものとして認識されている。このコンパクトの成立を主導したのがドイツだ。

メルケル氏にとっては、これは、うまくいけば、労働力不足、少子化、そして、アフリカの貧困問題を、一網打尽に解決できるとアピールすることのできる政策だ。それと同時に、実は、自らの招いた大量の中東難民によるEUの混乱を、目立たなくしてしまうこともできるかもしれない。

それに先立つ二〇一六年九月、ニューヨークでの国連総会で「難民と移民のためのニューヨーク宣言」(New York Declaration for Refugees and Migrants)が、加盟国一九三ヵ国の全会一致で決議された。

世界中で、難民としてさまよっている人が増え過ぎ、これをどうにかしなければいけないという危機感が、各国で募っている。そこで、目標として、この宣言を二〇一八年末までに正式に採択することが定められた。

ただ、「難民と移民のための」といっても、本来、難民と移民は似て非なるものだ。これらを一緒にまとめることは、技術上、不可能であるため、採択は、これを、難民コンパクト(global compact on refugees)と安全で秩序ある正規移住のグローバル・コンパクト(global compact for safe, orderly and regular migration・以下、移民コンパクト)の二つに分けて行うことになった。なお、コンパクトというのは、条約や協定とは違い、内容に法的な拘束力のないことが特徴である。

「難民コンパクト」の内容の策定は、元々、難民問題の総元締めとも言える、国連のUNHCR（難民高等弁務官事務所）に任された。難民に関する国際的な取り決めとしては、一九五一年の難民条約があり、これは国際条約なので法的拘束力もある。この叩き台があったため、今回も「難民コンパクト」の策定については、さほど揉《も》めていない。

もっとも、揉めなかったからといって、難民の扱いについて各国が何らかの合意を見たわけではない。むしろその反対で、肝心なところにはほとんど手をつけないで済ませたというほうが正しい。すなわち各国は、既存の難民条約をそれぞれ自国なりに解釈して進めている現状を、なるべく変えたくなかったのである。

各国の利害がぶつかる「移民コンパクト」

だから、問題は「移民コンパクト」のほうだった。こちらは、総元締めもいなければ、国際的に認められた定義も、法的拘束力のある取り決めもなかった。そこで、GFMD（Global Forum on Migration and Development・移住と開発に関するグローバル・フォーラム）に、その策定が任されることになった。

GFMDというのは何か。

ちょっとややこしくなるが、ＧＦＭＤは国際移住機関（ＩＯＭ）の下部組織で、二〇〇六年に設立された。その役目は、名前のとおり、移住と開発に関することを地球規模で決めるため、各国がさまざまな情報を交換し、議論するための場となることだ。だからＧＦＭＤは、年に一度、総会を開く。

では、その上にある国際移住機関というのは何かというと、一九八九年に設立された組織で、ホームページによれば、「移民と移動に関連する課題、また、関係国政府の同意に基づいて国境を超える際に、サービスを必要としている移民の援助に取り組むこと」を役目としているそうだ。国連のオブザーバー資格も持つ。

この国際移住機関の決定には法的な拘束力はないが、それでも目下のところ、移民に関しては、同機関が一番の権威であろう。なお、同機関には、日本も一九九三年から加盟している。

国際移住機関が定義する「移民」というのは、「当人の（1）法的地位、（2）移動が自発的か非自発的か、（3）移動の理由、（4）滞在期間にかかわらず、本来の居住地を離れて国境を越えるか、一国内で移動している、または移動したあらゆる人」のことだ。移動の理由が問われないということは、貧困でも自然災害でも、人権侵害でも、紛争でも、また、環境破壊でも移住はできる。しかも、人間には、国境を越えて他国へ行く「権利」があるとされている。これらをすべて字面どおりに解釈すると、引越しした人さえ移民になってしまうのではないか。

　いずれにしても、この国際移住機関の下部組織であるGFMDが、「移民コンパクト」の中身を策定するとなると、その方針は、同機関の方針に沿うことは確実だった。国際移住機関の方針というのは、今述べたように、かなり急進的だ。大雑把に言うと、移住者（＝移民）は、原則的に合法だというところから話は始まっている。

　結果から言うと、二〇一八年末、マラケシュで開かれたGFMDの年次総会において、「移民コンパクト」の声明内容が採択に至った。つまり、これまで、自国内にいる移民が合法であるか、違法であるかを、各国が独自の法律で定めていたという状態が終わり、統一されていく第一歩が踏み出されたわけだ。そして、それは、たとえこの「移民コンパクト」に法的拘束力がないとはいえ、将来の移民政策の指針となるだろうことは明らかだった。そして、それは場合によっては、各国の利害に深く関わる問題でありえた。だからこそ、採択前の二年間、各国の意見が激しくぶつかり合った。

「移住の権利」という人権？

　ところが奇妙なことに、ドイツではこの「移民コンパクト」採択の準備が、極めて静かに進んだ。二〇一六年のヨーロッパ宣言から二年経った二〇一八年の秋、採択の日が近づいていたときも、国民のほとんどが移民コンパクトの話はもちろん、そこで論争が起こっていることさえ知らなかった。これから、国民の生活に深く関わってくる問題であるはずなのに、メディアも報道しなかった。

ところが、採択まであと一ヵ月余りとなった十月三十一日、お隣のオーストリアのクルツ首相（当時）が、「わが国は移民コンパクトを採択しない」との声明を出した。そして、それがドイツでニュースになった。多くのドイツ人にしてみれば、初めて聞く話だった。

オーストリアの説明は左記のとおりで、簡潔そのものだ。

「移住の権利という人権は、オーストリアの法的基盤においては未知である。そのような国際法上存在しないカテゴリーを作り出すこと……は拒否すべきものだ」

この一言で、ドイツでの議論が炸裂した。

拒否している国はほかにもあった。アメリカ、オーストラリア、ハンガリー、ポーランド、チェコ、ラトビア、ブルガリア、スロバキア、イスラエルなど。アメリカの国連大使は、「ニューヨーク宣言と米国の主権は両立できない」と述べていたし、ベルギーではその後、採択の是非をめぐって、連立政府が破綻するという事態まで起こった。

ドイツでは、移民コンパクトに最初から反対の陣を張っていた党が一党だけあった。すべての政党、すべての主要メディアから極右として攻撃され続けているAfD（ドイツのための選択肢）である。反対の理由はオーストリアと同じで、移民コンパクトが定着することによって移民の流入が止まらなくなり、最終的に国の治安や秩序が崩れ、ひいては国家が弱体化することへの危惧だ。

そのうち、このAfDの意見に耳を傾ける国民が増えたため、政府のスポークスマンが慌てて、このコンパクトが採択になっても、どの政策がドイツにとって適切、かつ可能であるかは、これまでどおりドイツ自身が決めると保証するに至った。ざっと以上が、「移民コンパクト」採択直前のドイツの状況である。

すでに述べたように、「移民コンパクト」は予定どおり、二〇一八年十二月十日、モロッコのマラケシュで開催されたGFMDの総会で採択された。

総会には、メルケル首相が出席し、直々、十分間のスピーチを行っている。他国はほとんど、官僚が政府代表として出席していたことをみれば、メルケル首相の出席は破格のことだった。つまり、この採択がドイツ政府にとって、非常に重要であった証拠である。

口は出すが拠出金は出さない

実は、二〇一七年、一八年と二年にわたってGFMDの議長国だったのが、ドイツだった。

普通は一年で持ち回りだが、ドイツは例外的に、モロッコと共同で二年間議長国を務めた。ただ、モロッコとドイツが同等の力を持っていることは考えられないので、これは、実質、ドイツが二年間、同フォーラムを取り仕切ったということに等しい。このあいだに移民コンパクトは周到に用意された。ちなみに、GFMDの拠出金は日本が第六位だが、なぜかドイツは十位の中にも入っていない。ドイツはふんだんな政治力を使い、他人のふんどしで相撲を取ったのである。

総会でのスピーチでメルケル氏は、「移住とはごく自然で、これまでも常に存在したものです。そして、それは合法的に行われれば、良いものでもあります」と言っている。そして、良いものである移住を拡大するために、次のように述べた。

「私たちは、犯罪者の手に落ちてしまった人たちが、いかなる危険に晒されているかということをよく知っています……可哀想な人が搾り取られたお金が、最終的には麻薬の密輸や武器の購入に使われ、それらの国々の安全をさらに脅かすのです。だからこそ、多国間で移民問題の合法的な枠組みを作ることは我々の欲求です」

「教育、医療、治安、食料の確保が達成できなければ、不法移民は撲滅できません。つまり、各国の発展と同コンパクトの実行は、不可分なのです」

このスピーチで不自然だったのは、メルケル氏がコンパクトの重要性を過剰なまでに強張しながら、同時に、コンパクトには法的拘束力がないということを保証したことだろう。しかも、それは、実はこのコンパクトの序文にも明記されている。起草者はこの中に、取り決めを守れなくても制裁はないので安心して採択してくださいという示唆を、誤解の余地のないほど明確に織り込んでいた。ただ、拘束力がないと強調していたにもかかわらず、条文には義務という言葉が随所に出てきた。

しかし、いちばん不自然だったのは、その次だ。

移民コンパクトはＥＵの姿を大きく変えていく

ドイツは人口問題により、将来もさらに多くの技能労働者を、それも、ＥＵ以外の国からも導入しなければならない。だから、合法の移住に関心があるとし、こう続けるのだ。「その関心に対して、我々は主権を行使できます。加盟国が独自に政策を決定できるということが、このコンパクトに明記されています。一方では、コンパクトには法的拘束力がありません。だから我々は、技能労働力において正規の移民に頼らざるを得ないという、その我々の関心事について、他の国々と話し合わなければなりません」

読者は、意味不明と思われるかもしれないが、私は政府のホームページに掲載された講演録から忠実に引用している。分かりにくいとすれば、元の文章に無理があるのだ。

メルケル氏の無理な論旨とは、こうだ。ドイツは、国内で不足している技能労働者をEU外からも誘致したい。それは皆に幸せをもたらす。移民誘致の詳細は、他の国々との話し合いで決めなければならないが、その話し合いの元となるべきコンパクトには法的強制力はない。だから、決定は各国の主権で行える。しかし、コンパクトは不可欠だ。

これが混乱でなくて何だろう？

しかし、ドイツの意図だけはよく分かる。ドイツはまだまだ労働力を必要としている。しかも安価な。つまり、このコンパクトを是非とも必要としている。

メルケル氏の狙いは、不法移民の撲滅でありつつ、合法移民の拡大だ。つまり合法移民の解釈を広げようとしている。

ただ、EUという組織がある以上、それはドイツだけではできない。しかし、EUだけでこれを決めようとしても、おそらく絶対に通らない。EUでは全会一致が求められるからだ。EUに入った移民は圏内を自由に往来できるため、良い移民をドイツが取り、その他の移民が他国に流れる可能性を皆が警戒するはずだ。

しかし、EUでは決められなくても、国連は別だ。ドイツの望むことは、奇しくも国連の定める移民保護の精神にちゃんとマッチする。国際移住機関、およびGFMDの定義では、人間には基本的人権として、移住する権利が備わっていることになっている。しかも、移住の理由は問われない。それをそのまま解釈するならば、来た人は拒めない。拒めば人権無視となる。だから、オーストリアのクルツ首相が、「移住の権利という人権は、オーストリアの法的基盤においては未知である」と抗議したのだ。

メルケルの狙いは国境をなくすことだったのか？

今でもＥＵ内の国境はスカスカで、シェンゲン協定の加盟国であろうが、なかろうが、越えようと思えば誰でも超えられるほどだ。このうえ移民コンパクトが採択されれば、国家自体がこれまでのようには成り立たず、ＥＵの姿は、近い将来、大きく変わっていくだろう。メルケル首相にとって、姿を変えたＥＵというのは、いったい何を意味するのだろうか？

二〇一五年九月、メルケル首相の決断で堤防の切れたＥＵは、いまだにその後遺症から立ち直っていない。ＥＵでは、難民はもう要らないという人々と、難民は助けるべきだという人々が対立し、最良の着地点を見つけられないまま、両者の亀裂がどんどん深くなっている。ドイツ国内でもそれは同じで、二〇一八年三月、メルケル政権は第四次に突入したものの、ＣＤＵは辛うじて第一党というところまで落ち込んだ。メルケル氏自身も、党内での突き上げが激しく、同年十二月、ついに十八年続けたＣＤＵ党首の座を降りるところまで追い詰められた。多くの国民、特に保守陣営の支持者たちは、ドイツという国家が溶解していくことに大きな危惧を覚えている。その危惧の主な原因が難民政策であることは間違いない。

しかし、これからもどんどん移民が入り、労働力として貢献してくれて、いつの日にか、no borders, no nations（無国境、無国家）が美しい理念として定着するなら、メルケル氏は国境を取り払った人道の先駆者となる。あちこちで難民や移民がひしめくようになれば、難民と移民の境目は嫌でもぼやけていくだろう。これまでメルケル首相が責められていた、難民を大量に入れたという「罪」は自然に消滅していく。そして、従来の国家の特徴を捨てたドイツが、ＥＵという新しい「連合国家」の覇者となる。これが、ドイツの、あるいはメルケル首相の究極の目標ではないか。

コンパクト採択の九日後の十九日、ドイツ政府は連邦議会に新しい移民法案を提出した。破綻していると言われる国内の移民政策の改革に、いよいよ本腰を入れはじめたのだ。

この法案が通れば、労働移民の入国制限が緩和され、非ＥＵ国からの移民も誘致しやすくなる。これが議会で承認されるにはまだ若干の修正が必要だと思われるが、その骨子は、メルケル首相のマラケシュでのスピーチの内容と見事に合致する。そして、政府はこの法案を、「三十年来の移民議論に終止符を打つ歴史的決定」と自画自賛した。

新法案の目玉は、難民申請が却下された人でも、能力があり、一定の条件をクリアすれば、労働ビザが貰えるようになるというところだ。早い話、ドイツ企業は出国すべき難民の中から、使える人をセレクトできるようになる。難民失格者と労働移民の混同は、今までの常識からいうと、入国管理上の禁じ手であったことはすでに述べた。しかも、多くの難民は、不法にEUの国境を超えて入ってきているのだ。そういう人々が移民として公認されるとなると、違法入国へのモチベーションは高まるだろう。と同時に、法治国家としてのドイツには、傷がつくことになる。そう思ってみるなら、ドイツは、かなり際どいことをやろうとしているわけだ。

ドイツには、二〇一九年現在、難民申請が認められなかった人が二四万人いる。しかし、そのうち十八・四万人が滞在を黙認されている。黙認の理由はさまざまで、届け出ていた出身地が虚偽だったり、犯罪歴があったりで、母国が受け入れを拒否しているケースもあれば、すでにドイツにしっかり溶け込んで通学したり、就業したりしているため、送還を免除されている人たちもいる。そのほか、病気の治療中や、妊娠している人。早い話、一度ドイツに入れば永久に居られるといっても、それほど間違いではない。

いずれにしても、移民を増やすための、また、優秀な難民を移民としてスムーズに引き取るための受け皿の策定を、ドイツは模索している。同時に、ドイツで要らない違法な難民を母国に送還するため、受け取り拒否を決め込む相手国側の政府には、今、かなりの圧力をかけはじめてもいる。これにより、本当に難民の送還が軌道に乗るかどうかはまだ分からないが。

二〇一五年、怒涛のごとく流れ込む難民を見ながら、メルケル首相は「我々にはできる!」と国民を鼓舞し、緑の党の代表ギョーリング＝エッカート氏は「我が国は変わる。それも急激に。私はそれが楽しみでたまらない!」と舞い上がった。

ドイツは、世界の多くの国々から見ると、豊かな国だ。昔、アメリカ人は労働者をアフリカから船に積んで攫《さら》ってきたが、経済大国ドイツには、放っておいても、世界中の貧しい国から、多くの優秀な人々が続々と集まってくるだろう。ここに至って、メルケル首相の難民政策の行き着く先は、ようやく明らかになってきたように思う。

第五章

難民移民が犯罪者になる

世界中から脅迫文が届いたある学者の発言

二〇一九年五月三日付の『キケロ』誌のオンラインサイトに、衝撃的な記事が載った。イスラム学者ラルフ・ガドバン氏が四月二十四日、レバノンの民間テレビ局からおよそ十分間のスカイプ・インタビューを受け、ドイツで暗躍するアラブの組織的犯罪グループについて話したところ、たちまち世界中から脅迫が入りはじめ、ガドバン氏は警察の厳重な警護の下、ベルリンの自宅に籠《こも》らざるをえなくなった。『悪魔の詩』事件を思い出す事態だ。

一九八八年にイギリスで出版された『悪魔の詩』は、イスラムの預言者ムハンマドを題材にした作品だったが、たちまちイスラム世界で攻撃の的となった。当時のイランの指導者ホメイニ氏が作家ラシュディ氏に死刑判決を言い渡したあとは、イギリス警察がイギリス国籍の氏を全力で守った。その代わりに、無防備な各国の翻訳者が次々と狙われ、邦訳をした日本人学者も殺されている。

では、いったいガドバン氏は、レバノンのテレビで何を話したのか。

要約すれば、「七〇年代にレバノンから来た難民が、ドイツで強大な組織的犯罪のネットワークを築き上げることに成功した。法治国家であるドイツが、それを何年も、何十年も見て見ぬ振りをしてきたのは、まさに醜聞である。なぜ、こういう事態が起こりえたのか」ということだそうだ。

自らもレバノン出身であるガドバン氏は、アラブ・ギャングの実態について、おそらくドイツでいちばんよく知っている学者だ。氏はクリスチャンで、七〇年代に留学生としてドイツに来たが、その後、ドイツで暮らすアラブ人のための自助施設の所長や、ベルリンの拘置所の相談役などを勤めた。つまり、立ち位置はまったく違ったものの、長年、アラブ人犯罪者たちと密な接触を、しかも直に持ってきたわけだ。

氏は二〇一八年の十月に、『アラブ・ファミリー　軽視されている危険』というタイトルの本を上梓した。ちなみに、レバノンのテレビ・インタビューで話したことは、この本の内容とも、彼がこれまでドイツで発言してきたこととも、まるで変わりがないそうだ。だから、まさかこんな大騒ぎになるとは思わなかった。ベテランのイスラム学者の読みは完全に外れたのである。

ドイツメディアにおける発信と、レバノンのテレビ出演との決定的な違いは、視聴者だった。ドイツにいるレバノン系、あるいはアラブ系の人たちにとって、ガドバン氏の存在は鬱陶《うっとう》しくはあっただろうが、彼の語る内容は周知の事実で、今さら誰も驚かない。それに、ガドバン氏がドイツで何を発表しようが、それがアラビア語に訳されない限り、祖国の人たちの目に触れるわけでもない。要するに害はない。また、関係者には、自国民の罪を告発しようとする人もいないし、これまではアラブのメディアがこれをテーマに持ち出すこともなかった。だから、ガドバン氏の存在は、多少邪魔でも無視すれば済んだ。

ところが、今回は違った。それがレバノンで放映されたとなると、話は別だった。広まるべきでない話が、レバノンに住む一般市民の耳に届いた。外国で活躍していたリッチなビジネスマンだと思っていた人たちが実は犯罪者だった⁉ ここまでイメージを傷つけられたとなれば、無視するわけにはいかない。氏はただちに消されるべき人物となった。

アラブの暗黒の世界について精通しているはずだったガドバン氏が驚いたのは、脅迫の数もさることながら、それらが世界各国から、しかも即座に届いたことだったという。それは、アラブ諸国だけでなく、アメリカからも来た。つまり、アラブ人の犯罪ネットワークが世界中に広がっており、〝良好〟に機能しているという証拠だった。アラブ・ギャングは、かつてシチリアの血縁集団から世界に広まったマフィアと、まさに同じ成長をしていた。

移民難民として入ってきたマフィア

ドイツには、一九九〇年のソ連崩壊と、それに続いた共産圏の崩壊、そして、こじれにこじれたユーゴ内戦のあいだ、膨大な数の難民および政治亡命者という名の移民が入ってきたことは、第四章ですでに述べた。

難民の増加とともに、ドイツには、ルシアン・マフィア、ウクライナ・マフィア、ルーマニアやポーランドやアルバニアやコソボのマフィアなどと呼ばれるさまざまな犯罪グループが形成された（ここで使っている「マフィア」という言葉は、イタリアのマフィアのような、主に血縁関係を主体とした犯罪グループという意味だ）。麻薬、売春、密輸、スリ団、空き巣団、物乞い集団と、手を染めている犯罪の種類は多岐にわたる。

しかし、先のレバノンの犯罪組織は、それらとは発祥が別で、すでに七〇年代に始まっていたという。それを、ドイツ国家は四十年以上も手を拱《こまね》いて見ていたのだ。

今では、警察も足を踏み入れたがらない no go area ができているばかりか、彼らが暗躍できる法律のグレーゾーンが巧妙に拡大された。だから、下手に告発しても、裁判になると検察が負ける可能性も高い。彼らギャングたちはビジネスライクで、しかもプロなのである。

ドイツでは、個人レベルでは外国人に偏見を持っている人は少なくないが、公的には外国人に寛大だ。外国人だということは、あたかも免罪符のようになっている。これが、いったいいつごろからのことだったかは、はっきりしないが、しかし、なぜ、こんなことになったかには、ちゃんと原因がある。

まず、いちばん大きな原因は、政治家が外国人に物を言うのを極力避けてきたことだ。

それは、ドイツ人がいまだに強く持つ、ホロコーストのトラウマと関係している。

ドイツ人の外国人へのトラウマ

ドイツ人は、自分たちが外国人に何かを要求したり、禁止したりすると、またしても碌《ろく》でもないこと（ホロコーストの二の舞）につながり、全世界の人々から非難されるのではないかということを、本能的とも言えるほど強く恐れている。とりわけ政治家は、外国人排斥者と言われることだけは絶対に避けたいと思っており、自ずと、外国人の犯罪は問題視しないほうが安全という保身のバイアスが強く掛かる。そこで、見て見ない振りをすることを正当化するため、外国人の存在を、「多文化共生」とか「アイデンティティーの尊重」とかいう言葉で飾り立てることになった。

そもそも現在のドイツでは、「外国人」という言葉がすでに良からぬ言葉だ。私も、単に見かけの異なる人に、「どちらの方ですか?」と尋ね、娘に意見されたことがある。「ドイツ人かもしれないのに、そんなことを訊いては失礼だ」と。しかし、それは、ドイツ人が偉く、それ以外は劣等だということに等しい。そっちの考え方のほうがおかしいではないか。

「なぜ、ナニ人であるかと聞くことが差別なのか? 私は、ナニ人かと聞かれて、差別だなどと感じたこともない！」

娘曰く、「それは日本人だから。世の中には、自分の国に誇りを持てる人ばかりではない」とのこと。しかし、私に言わせれば、それもドイツ人の思い上がりだ。

しかし、実際問題として、多くのドイツ人が娘の言う掟《おきて》に従って行動していることは事実だ。だから、見かけが違っても、ドイツ語に外国訛《なま》りがあっても、あたかもそんなことには気づかないかのように振舞う。「あなたが外国人であるかどうかなどということに、私は一切興味がありませんよ」という雰囲気を醸し出すことが重要なのだ。その反対に、外国に興味を示すべきときには、文化を褒め称えるに限ると、皆が信じている。日本人ならマンガと禅と寿司。まさに「多文化共生」である。

ただ、政治がこれをやると大間違いになる。その大間違いの果てが、外国人犯罪者の増長だ。

抑圧されてきたクルド人

実は、ドイツの外国人の犯罪でいちばん多いのは、レバノン人ではなく、クルド民族の一派なのだそうだ。クルド族のほとんどはトルコ国籍である。あるいは、今はすでにドイツ国籍だが、元はトルコ国籍だったという人たちだ。

クルド民族は、トルコ、イラク、イラン、シリアにまたがる山岳地帯に住んでおり、二五〇〇万から三〇〇〇万人はいるといわれる。スイスの人口の三～四倍、ノルウェーなら四～五倍だ。この数のせいで、国を持たない最大の民族と呼ばれているのだが、しかし、どの国でも決まって抑圧されている。

一九七〇年代の終わりから八〇年代の初めにかけて、ドイツにクルド民族が大量に入った。ドイツ政府が、トルコで抑圧されたクルド民族の政治亡命を認めたからだ。つまり、現在、ドイツには三〇〇万人以上のトルコ系の人がいるが、そこには多くのクルド人たちが含まれている。

八〇年代の終わり、次女を出産したとき、病院にエキゾチックな看護師がいた。肌は少し浅黒く、瞳は黒く大きく、そのあまりの美しさに、見とれていると吸い込まれそうになる。しかし、地球のいったいどの辺りの出身なのかが、見当もつかない。当時の看護師はユーゴスラビアの人が多かったが、そうではない。南欧とも違うし、東欧でもない。こんな美しい人がこの世にいるのかと感動し、「ナニ人ですか?」と訊いた。そのころの私は、この質問がタブーだということを知らなかった。あるいは、当時はまだタブーではなかったかもしれない。すると彼女は笑みを浮かべながら、「クルド人」と言った（言うまでもなく、クルド国籍というのは存在しない）。

以来、私の頭の中ではクルド民族といえば、美しい容貌の人たちだ。蛇足ながら、私の知るクルドの男性も、なぜか皆、カモシカのように引き締まっていて、精悍で美しい。

しかし、当時、同じように美しかったであろう彼女の同胞たちが、ドイツで皆、まじめに働いていたかというと、そうではなかった。多くのクルドの人が、看護師や、タクシーの運転手として、あるいは、トルコ料理店などで勤勉に働いていた傍ら、一方ではドイツ社会に入らず、ドイツの法律にも従わずに、せっせと違法行為に勤しむ人たちが闇の世界を形成していった。

犯罪者にも潤沢な福祉費を支給したドイツ

前述のガドバン氏によれば、一九七〇年代に、内戦のレバノンからドイツにやって来た難民がいちばん多く使ったのが、意外なことに、ベルリンルートだったという。彼らは、まず、飛行機で当時の東ベルリンに入り、それを、東ドイツ政府がそのままバスか電車で、どんどん西ベルリンに送り込んだ。一説によれば、西ベルリンを疲弊、あるいは混乱させるための作戦だったとも言われる。今ではすでに過去の歴史となってしまった「冷戦」の真っ只中の出来事だ。

いったい何人のレバノン人が入ったかという正確な数字は残っていないが、ガドバン氏は、それを十八万人と推定している。ただ、もっと多いかもしれないし、少ないかもしれない。一九八一年のベルリンの新聞には、すでに「組織的犯罪が増加」という記事が出ている。

さらに言うなら、彼らはドイツ社会に溶け込もうとはしなかったが、ドイツの福祉システムにはしっかりと入り込んだ。そして、ドイツ政府はこれも見て見ぬふりで、犯罪者たちにも潤沢な社会保障を与え続けた。

犯罪者たちが勝手気ままに振る舞い、台頭していくにつれ、その被害をもろに受けるのが、まじめに働いて、ドイツに税金を納めている多くの外国人だった。彼らは、同胞の不正行為、あるいは、社会福祉ただ乗りのおかげで、十把一絡げに「冤罪」を受ける羽目になった。ドイツで根強い外国人敵視の空気は、そもそもこのまじめな外国人たちではなく、一部の犯罪者のせいで培われたものだ。何事においてもそうだが、まじめにやっている人たちは目立たない。

国籍が変わってもアイデンティティーは変わらない

ただ、すっかりドイツに馴染み、まじめに働いている外国人にしても、心までドイツに帰属しているかというと、それはまた別だ。アイデンティティーは、たとえ国籍が変わっても、そう簡単には入れ替わらない。

二〇一九年五月二十三日、『産経新聞』のオンライン版に、「中南米日系人、帰属意識七五パーセント、外務省が初の実態調査」という記事が出た。インタビューを受けたのは、アルゼンチン、メキシコ、キューバにいる日系二世〜四世で、多くは、すでに日本語の読み書きがおぼつかない人たちだが、それでも、今なお彼らは日系人としての帰属意識を持っているというのである。

こんな遠くに行った、おそらく移住の覚悟の固かった人たちの子孫でさえそうなのだから、ドイツにいる外国人が、ドイツに帰属しないのは当然だ。彼らは、長い休暇のたびに祖国に帰れる。いくらドイツで法律を守り、まじめに働いていても、アイデンティティーは祖国のほうにある。その気持ちは、たとえ祖国が発展途上であろうが、民主主義が板についていなかろうが、おそらく変わらない。

特に、大集団となっているトルコ人は、ドイツにおいてもトルコ語で生活できる環境を作り上げてしまっている。トルコ系移民は、四章でも書いたが、ドイツ国籍を取得した人も含めると、すでに三〇〇万人はいるからだ。

都会の一角には、たいていトルコ人租界のような地域があり、日中、そういう場所を歩いているのはスカーフで髪を隠した女性ばかりだ。ドイツ人女性は、トルコ人男性の目には、性的に解放されすぎている。だから、乳母車を押して歩いているのは、トルコから直輸入の幼妻が多い。

彼女たちトルコの花嫁は、ドイツ語ができなくてもさほど不自由はない。トルコのスーパーマーケットから、トルコの病院、弁護士、クリーニング屋、カフェ、レストラン、スポーツジムに至るまで、何でも揃っている。家ではトルコの衛星テレビを見ていれば、世の中の動きにも後れない。ドイツ語ができなくてもじゅうぶんに暮らしていける。

だから、トルコ妻たちはドイツでもトルコの風習を踏襲し、子供を複数産み、仕事に出たくなれば、たいして言葉が必要でないところで働く。そのうちまだ年端もいかない子供が、拙いドイツ語で、お母さんが病院へ行くときの通訳を務めるようになる。

移民二世のゆくえ

移民の統合が成功するかどうかの鍵を握るのは、その子供たちだ。両親が、教育は大切だと認識している家庭では、彼らはしっかり勉強をさせられる。ドイツの学校は、お金がほとんどかからないので、公の教育システムをフルに活用すれば、大学にもほぼ無料で行ける。しっかりと教育を受けた若者は、その後、機会均等のドイツ社会で着実に根を生やして生きていく。移民の成功例である。

しかし、親が教育に無関心であったり、それどころか犯罪に手を染めたりしていると、子供たちの運命はまったく違ったものになる。ドイツに馴染むどころか、ドイツ人は攻撃、あるいは軽蔑すべき対象で、ドイツの法律よりも、血縁集団の掟が絶対となる。当然、こういう人たちを抱える地域の学校は、授業をしようにもドイツ語がまともに通じないという現象が起こるし、荒れに荒れているので、教師がビクビクしている。

問題地区の学校では、落ちこぼれて、義務教育さえちゃんと終えずに社会に放り出されてしまう子供も少なくない。日本なら、中学校はずっと欠席していても卒業させてくれるが、ドイツではそうはいかない。しかも、ドイツは資格社会なので、義務教育を終えた証明がないと、将来がほぼ閉ざされる。たとえあとになって心を入れ替えても、上の学校に進むことは難しく、そこでつまずくとまともな就職もできない。結果として、そういう子供が親と同じ犯罪の道に進むのは、ほぼ自然の流れとなる。だから、いわゆる無法地帯はなくならない。今となっては、この難問に立ち向かおうという政治家もいない。問題は、あまりにも膠着してしまった。

犯罪者摘発に乗り出した州内相

ところが、二〇一九年一月、果敢にもその摘発に乗り出した人がいた。ノートライン－

ヴェストファレン州のロイル内相だ。彼のイニシアティブで、前代未聞の捜査が始まった。以下は、『シュピーゲル』誌のオンライン版（一月十三日付）の「犯罪組織の手入れ始まる」という記事からの抜粋だ。

「ノートライン＝ヴェストファレンの州警察は、犯罪組織の大捜査を開始した。州の内務省によれば、捜査にはルール地方の六つの市から一三〇〇人の警官、係官が参加。ボッフム、ドゥイスブルク、エッセン、ドルトムント、レクリンハウゼン、ゲルゼンキルヒェン市内において、二十一時より複数の水タバコのバーの捜索が始まった（著者注・バー内部の空気の規制値違反を理由で立ち入ったため。水タバコのバーが、アラブ人たちの犯罪の温床となっているとも言われる）。捜索は、財務省と税関の役人とのタイアップで実施されたという」

その夜、エッセン市の警察は、「我々は、血縁集団犯罪グループのメンバー一人一人が犯した違法行為を徹底的に追う #NullToleranz（#寛容さゼロ）」と、勇ましくツイートした。添付されていた写真には、容疑者らしき男が警官に左右から挟まれ、連行されていく後ろ姿が写っていた。

ただ、興味深かったのは、そのツイッターの後ろに続々と入った市民のコメントだ。それらの書き込みが、事態の深刻さを何よりもよく表していた。幾つかを紹介してみたい。

「ありがとう。たとえその試みが、バケツで水を汲み出して、タイタニック号の沈没を救おうというのと同じだとしても」

「とても良いことだ。トライしてくれてありがとう。ただ、明日になれば、彼らはあなた方のことを笑い者にするだろう。なぜなら、彼らには弁護士がついていて、警察の暴力を理由にあなた方のことを訴えるからだ。そして、裁判官は、彼らが労働者の子供として辛い子供時代を送ったことを持ち出し、寛大な判決を下すだろう。ごめんなさい、あなた方の仕事は無駄です」

「四十年間、政府は寝ていたのだ。あなた方が今、トライしているのは、もちろん立派なことだが、残念ながら完全に無意味だ」

「同じ寛容さゼロ作戦とはいえ、あなた方のやっていることは、一九九四年にニューヨークで実施されたそれと比べれば、ビッグバンから二〇一九年までの時間ぐらい掛け離れているよ。でも、トライしてくれてありがとう」

つまり、多くの市民は、警察がこれらの犯罪組織を打破できるとはまったく信じていなかったのだ。おそらく、これが成功しないだろうことは、シチリアのマフィアに立ち向かった警官や裁判官が、そのたびに「処刑」され、摘発が尻すぼみになり、結局、今に至るまで何も変わらないことと同様にとられたのだろう。

はびこってしまった犯罪組織の撲滅は困難

現在、暴力的な犯罪組織の撲滅にいちばん成功しているのは、フィリピンのロドリゴ・ドゥテルテ大統領ではないか。二〇一六年に政権に就いたドゥテルテ大統領は、治安の悪さの元凶は麻薬だと見て、麻薬の売買を徹底的に取り締まった。そのやり方は、犯罪組織の上を行くほど容赦なく、何百人射殺しているか分からないほどだが、これにより、治安はそれ以前とは比べ物にならないほど良くなったという。もちろん、西側社会では絶対に許されないやり方だ。ということは、今の西側社会では、はびこってしまった犯罪組織の撲滅は永遠にできないということかもしれない。

ただ、ロイル内相は、そう簡単には諦めなかった。その後、ノートライン＝ヴェストファレン州は五月になって、一月からの大捜査の結果をまとめた報告を公表した。こういう実態調査は初めてだったため、少なからず国民の注目を引いた。

ノートライン＝ヴェストファレンというのは、ルール炭田地方を含むため、戦前から工業の中心で、電力会社や重工業も集中し、膨大な数の労働者を抱えた州だった。今でも人口はいちばん多く、一八〇〇万人弱。ただ、失業者や貧困者も多く、社会問題のるつぼでもある。

戦後、奇跡の経済成長と言われた時代には、炭鉱夫として、イタリア、ポルトガル、そしてトルコなどから、多くの外国人労働者が入った。今では彼らの多くはドイツ国籍を持っており（もちろん、それを希望した場合だが）、すでに三世、四世の時代となっている。

ただ、炭鉱は今や斜陽産業で、二〇一八年の十二月には、ドイツ最後の炭鉱が閉鎖された。現在、採炭しているのは、露天掘りといって、地表に出ている石炭、正確に言えば、褐炭だ。褐炭は石炭より質が落ちるが、ここルール地方だけでなく、ドイツとチェコ、およびドイツとポーランドの国境地域にも豊富にある。とはいえ、CO_2問題があるので、石炭産業は近い将来、確実に終焉に向かう。つまり、ノートライン－ヴェストファレン州というのは、これからさらに失業者が増える予定の、そうでなくても難しい産業構造と、社会構造を抱えた州なのである。

今回の犯罪状況報告によれば、同州には、血縁で構成されている犯罪組織が大小取り混ぜて、一四〇もあるという。そのほとんどがアラブ諸国とトルコのグループだ。マフィアのゴッドファーザーの世界と同じく、厳しい掟で一致団結しており、ドイツの法律は無視。すでに長いあいだ、やりたい放題の状況が続いてきた。

そして、その一四〇のグループのメンバーのうちの六四四九人が、少なくとも一件の前科を持つ。犯罪件数は、二〇一六年から一八年までのあいだで計一万四二二五件。

一八〇〇万人の州で、しかも、警察が正式に摘発した犯罪だけで、この数だ。当然、治安は悪い。

犯罪率が急上昇

同州のケルンから、その後、田舎に引っ越した女性は、婦女暴行などのニュースを聞くたびに、ケルンに住んでいたころの緊張感を思い出すと言っていた。世界一安全な国である日本の住民にとっては、おそらく想像もできない状況が、ドイツの幾つかの都会では、すでに常態となって久しい。

しかも、現在のドイツには、二〇一五年と一六年、あたかもこの犯罪組織のメンバーを補充、強化するかのように、中東からの難民が大量に入った。こういう言い方をすると、外国人を全部一緒くたに犯罪者扱いするのはけしからんと、目の色を変える人たちがいるが、二〇一八年の連邦刑事局の発表によれば、二〇一五年、一六年に入った難民の犯罪率は高い。

実は、二〇一七年の全国の犯罪率は、全体では例年より下がっているのだが、その中で、難民・移民の犯罪件数が不釣り合いに大きいという。さらに性犯罪になると、その不均衡はドラマチックなまでに拡大するそうだ。

ドイツの総人口は八二〇〇万人で、二〇一五年以降、ドイツに入ってきた難民・移民の数は約一二〇万人だ（すでに母国に戻った人の数を差し引いた）。こう見ると、やはり難民・移民の関与している犯罪の割合の高さが、ドイツ人にとっては大きな不安材料となってくる。二〇一八年、難民・移民が犠牲者となった傷害事件が、四万七〇四二件も起こったが、ドイツ人が加害者に加わっていたのはその一八パーセントで、あとは、難民同士の内部抗争がほとんどだったという発表もある。

しかし、政治家は責任を回避するために、外国人の犯罪をできる限りもみ消してきたし、メディアのあいだでは、容疑者の国籍は、それを報じる理由がある場合しか報道しないという取り決めもある。つまり、ニュースではほとんど取り上げられない。

外国人の犯罪を過小評価しようとするメディア

連邦の内務省も、前述の連邦刑事局のデータの中から、二〇一七年に犯罪数が下がったということだけを取り上げたし、一部の主要メディアにいたっては、あたかも「外国人の犯罪率が高いというのは、やはり右翼のプロパガンダだった」と言わんばかりの報道ぶりだった。大手のメディアでデータを正確に引用したのは、大手保守系の『ヴェルト』紙と、大衆紙『ビルト』のみだった。ドイツの報道には、外国人の犯罪を過小評価しようという、強い政治的、あるいは思想的バイアスがかかっている。

この風潮の中、ロイル内相の外国人犯罪摘発作戦がある程度の成果を上げるには、他の州がよほど足並みを揃えなくてはならない。そうでなければ、少々の摘発など焼け石に水だろう。

その一方で、四章で記したように、ドイツ政府は突然、積極的な移民国家建国に舵を切りはじめている。メルケル首相は、「合法的に行われるなら移住は良いことです」と言い、産業界は安価な労働力を欲し、多くのドイツ国民は、移民と難民を寛容に受け入れることが人道的な善行だと信じている。

ただ、今までのように、外国人を入れたものの、何もしないわけには、もう行かない。ドイツ政府は、これまでの失敗を訂正する必要に迫られ、慌てて、さまざまな移民の統合政策を立ち上げている最中だ。ドイツでの滞在許可を得るためには、ドイツ語の試験に合格するか、あるいは六〇〇時間のドイツ語講座を履修しなければならない（これは日本人でドイツ人と結婚する人も同じ）。また、議会政治とは何かとか、男女平等、あるいは三権分立はどう機能するかなどといった、基本的人権や民主主義、ドイツの国体などに関する簡単なテストにも合格しなければならない（ただし、落ちても何度でも受けられる）。

しかし、就学期をとっくに過ぎた人が、突然、外国語をものにするのは難しい。子供のときの基礎知識が欠けていれば、なおのことだ。そのうえ、たいていのアラブ人は英語を知らず、アルファベットの文字から覚えなくてはならない。だから、受講義務の規則はできたものの、履修した人が本当にドイツ語ができるようになるかというと、それも心もとない。

移民にドイツ語を教えている教師の話によると、テスト前になると、堂々と「いくらか？」と尋ねる生徒が少なからずいるそうだ。賄賂がなければ物事が進まない国から来た人たちにとっては、それは当たり前のことで、贈賄というより礼儀のようなものかもしれないが、ドイツでは当たり前ではない。

イスラム教徒のスカーフ問題

また、男女平等が当たり前でないイスラムの国と、どちらかというと男性が差別されているような昨今のドイツでは、人間関係における接点がなかなか見つからないこともある。それは、犯罪などと縁がなく、本当にドイツに馴染もうと努力している移民にしても同じだ。

いずれにしても、今ではすでに、ドイツのこれまでの移民政策は失敗であることが認識されている。だからこそ政府は躍起になっているのだが、改善は口で言うほど簡単ではない。ささいなことが、思わぬ障害になって移民の統合を阻む。

その中の一つが、たとえば、イスラム教徒のスカーフ問題だ。コーランには、女は夫以外に髪（正確には、「魅力的な物」）を見せるなと書いてある。そのためドイツでは、スカーフは女性蔑視のシンボルとしてしょっちゅう槍玉に上がる。スカーフの扱いについては、すでに二十年も論争が続きながら、ドイツではいまだに結論が出ない。

スカーフ問題の始まりは、一九九八年だ。アフガニスタン系のドイツ人女性が、抜群の成績で教員試験に受かったが、スカーフのせいで採用されなかった。そこで裁判に訴えた結果、最高裁（ドイツの場合、正式な名称は憲法裁判所）まで行き着いた。

ところが、二〇〇三年、最高裁は、女教師のスカーフの是非については各州に任せるという決定を下した。元々ドイツでは、教育は各州の管轄で、国は口を出さないのが原則だ。そのため、各州ではその後、スカーフをした女性が教職に応募するたびに論争となり、ときにそれが裁判に持ち込まれ、結局、各州がそれぞれバラバラに問題を解決してきた。上記のアフガニスタン系の女性は、バーデン－ヴュルテンベルク州では二進も三進も行かなくなり、結局、ベルリンに引っ越し、今でもベルリンのイスラム系の私立学校で教えているという。

ところが、二〇一五年、そんな混乱した状態に楔《くさび》が打ち込まれた。ノートライン－ヴェストファレン州のイスラム教徒の女性二人が、スカーフのせいで自分たちが教職に就けないのは憲法違反であると訴えていたのに対し、最高裁がこれまでの意見を翻《ひるがえ》し、スカーフの一括禁止は信教の自由に抵触するという判決を出したのだ。これにより学校側は、具体的に学校の平安、あるいは中立性が侵される危険のあるときしか、スカーフを禁止することができなくなった。

ノートライン＝ヴェルトファレン州はそれまで、キリスト教の価値と伝統を優先するという理由で、教師のスカーフは一切認めていなかった。また、イスラム教の子供たちが、教師のスカーフをお手本とすることも好ましくないとされた。しかし、この最高裁の判決により、州は規則を変えざるをえなくなった。

宗教のシンボルの着用を禁止する法律

とはいえ、実際には今でも教師のスカーフについては、各州がバラバラな判断を下しているという状況は変わっていない。ベルリンでは、教師は教壇においては思想的にも宗教的にも中立でなくてはならず、宗教的シンボルを身につけてはいけない。つまり、イスラムのスカーフも、ユダヤのキッパも、キリスト教の十字架もすべて禁止されている。

なお、スカーフ問題は、学校だけでなく、自治体や裁判所でも際々持ち上がる。このうち裁判所に関しては、二〇一七年、バーデン＝ヴュルテンベルク州が、ドイツで初めて裁判官の宗教のシンボルの着用や提示を禁止した。

さらに現在は、女生徒のスカーフ問題もオーバーヒートしている。

これに関しては、二〇一九年五月、オーストリアが、小学校と幼稚園の女児のスカーフを禁止する法律を通した。それを受けてドイツでも、学校内での十四歳までの女子のスカーフを禁止しようとする州が出てきた。ＣＤＵやＦＤＰは、小学校、保育園ではスカーフは全面禁止にすべきだと言っている。

ただ、現場は懐疑的で、そんな法律を作っても行使することは不可能だとする。イスラムの信仰の篤い人々なら、少なくとも初潮のあった自分の娘をスカーフなしで外に出すことはありえず、それを強行すれば、最終的には、その生徒を学校から締め出すことになるという。

それどころか、狂信的なイスラム教徒の家では、スカーフを外した娘は貞操を失ったに等しく、家族の恥となりかねない。無理やり外させたら、あと、何が起こるか分からない。つまり、学校側が、スカーフにはなるべく関わろうとしないのには、じゅうぶんな理由があるのだ。

私はというと、ドイツで暮らすトルコ人の女性が、トルコの伝統を守ってスカーフをかぶっていても、それを非難する気にはなれない。ドイツ人のように、自分たちの価値観が絶対であると信じているわけではないからだ。

スカーフをかぶっている女性は皆、たいてい「外に行くときはいつもこうしてきたので、このほうが落ち着く」と言う。また、本当に、「魅力的な物」は夫だけに見せたいと思っている女性もいるかもしれない。いずれにしても、彼女たちがそれを差別と感じているかどうかは疑問だ。

日本人だって、いつの日か着物が槍玉に上がり、「こんな動きの制約される服装は女性差別だ」と言われれば、「大きなお世話」と思うだろう。スカーフをしている多くのトルコ人も、どこかにそういう気持ちがあるのではないか。

もちろん問題は、それを強制されている女性がいることだ。つまり、スカーフが女性差別なのではなく、スカーフをしたくない人にまで、その着用を強制することが問題なのだ。つまり、ここには否応なしに宗教の問題が絡んでくる。今のドイツでは、信教の自由があるので、無宗教でも誰にも文句を言われずに暮らしていける。しかし、イスラム教国では信教の自由はなく、皆がイスラム教を信じなければならない。

ただ、信教の自由があるほうが、ないよりも正しいというのは、これも、近代西洋の理念だ。ヨーロッパ人だって、ついこの前までは、宗教が原因で戦争をしたり、異端と思われる人間を火あぶりにしたりしていた。違いは、キリスト教はそれを改めたが、イスラム諸国の多くはまだ完全に改めていないことだ。

思えば、信教の自由というのは、大いなる矛盾ももたらす。ドイツが基本法で信教の自由を掲げるなら、ドイツにいるイスラム教徒にも、それは保証されることになる。つまり、イスラム教徒がイスラムの教義を実行するのも、刑法に引っかからない限りは、認められるべきだという理屈が成立する。帰化や滞在許可の条件として、法律遵守は求められるが、イスラム教を信じることに制限はない。そこらへんの複雑な問題に整理をつけることが、これから移民を増やそうとしているドイツにとって、さらに大きな課題となっていくだろう。

確実に悪化したドイツの治安

八〇年代のドイツでは、ドイツ人と外国人はドイツ社会をうまく棲み分けていた。その一部が犯罪グループを形成していったのは、もちろん悪しきことだったが、他のほとんどの外国人は、統合などというプレッシャーも受けず、結構、平和に、自由に暮らしていたような印象を持つ。その弊害として、トルコ租界のように閉鎖的な地域もできてしまったが、ドイツの治安は、少なくとも今よりもずっと良かった。

その後、一九九八年から二〇〇五年まで、ドイツは中道左派のSPDと、かなり左寄りの緑の党の連立政権となった。当時のシュレーダー首相は、安い労働力の導入にも、専門職の誘致にも熱心だったし、連立相手の緑の党は、今も昔も、ドイツの戸を叩く人は、難民でも移民でも皆、入れようという党だ。マルチ・カルチャーという言葉が流行し、もてはやされたのもこのころだ。

そして、現在のドイツ。二〇一五年、一六年と、とりわけ大量に入った難民は、すでに住み着きはじめている。彼らが移民と呼ばれるようになる日も、そう遠くないことだろう。そして、ドイツの治安は確実に悪くなっている。それは、すでに日常、どれだけ多くの警官が街角に配置されているかを見ただけで分かる。

二〇一九年の七月には、公営の屋外プールで、六〇人もの若い男性が徒党を組んで狼藉を働くという事件が三度も起こり、警察が出動した。多くが難民であったというが、ただのグループ抗争だったのか、それとも、彼らが、女性が水着姿を人前にさらすことなどありえない国から来ていることと関係があるのかはわからない。本来なら、ドイツの夏のプールはのどかで美しい。私も昔は日がな一日、子供を遊ばせながら木陰で本を読んで過ごしたものだ。あそこに愚連隊が出現するなど許せない。

さらにやはり同月、夏休み客で混雑するフランクフルトの中央駅で、四十歳の男が、進入してきた特急列車の前に、ホームで立っていた八歳の男の子と、その母親を突き落とすというショッキングな事件があった。母親はギリギリで助かったが、男の子は逃げ切れず、母親の目の前で轢《ひ》かれて即死した。犯人を乗客が追って捕まえたら、エリトリアからの難民だった。

私は、自分もドイツでは外国人なので、外国人敵視がないことは有難いが、しかし、移民や難民が多いほど社会が良質になるとも思わない。ましてや、徒党を組んで治安を乱す外国人なら、いないほうがましだ。

異なった文化が入ってくれば、犯罪だけでなく、いろいろな小さな衝突が絶えず起こることは避けられない。その例は、すでにヨーロッパにもアメリカにも、たくさんある。日本もこれから外国人を導入するなら、そこらへんを調べ、参考にしないと大変なことになる。今、すでに多くの外国人が入っているし、これからの日本の労働市場は、さらに多くの外国人を必要とするだろう。しかも、難民の押し寄せてくる可能性さえ高まっている。それなのに、日本の準備はまるで足りないと感じる。

外国人が増えれば、これまで暗黙の了解で機能していたあらゆることが、うまく機能しなくなる。それを我慢して放置すれば、私たちが当たり前だと思っていた日本の姿は、おそらくあっという間に壊れていくだろう。

移民は労働力ではなく、人間なのだ。恋愛もすれば、子供も生む。住み着く可能性も極めて高い。つまり、整備すべきは受け入れの規則だけではない。受け入れた後のフォローのほうが日本社会のためには百倍も大切だ。それを怠ったがために、この安全で良い国がなくなったら、取り返しがつかない。今なら、おそらく、ぎりぎりでまだ間に合う。

ドイツは、自分たちの国は移民国ではないとして四十年間放置した。日本は四十年も放ったらかしにしないよう、長期的視野で、早急に対策を整えてほしい。

第六章

難民と移民がドイツを分断する

ナチとは異なる反ユダヤ主義の台頭

二〇一九年五月二十五日、ドイツ政府の反ユダヤ主義問題での全権委員を務めているフェリックス・クライン氏が、ドイツにいるユダヤ人に向かって、キッパをかぶることをやめたほうがよいという警告を出した。その理由として彼が挙げたのが、「抑圧のタガが外れ、社会にしだいに野蛮さが増していることと、ソーシャルメディアの強い影響」。奥歯に物の挟まったような言い方だ。

キッパというのは、ユダヤの男性が頭の上に乗せている小さな平べったいお椀型の帽子のようなものだ。シナゴーグの中など聖なる場所では、ユダヤ教以外の人も、もちろん外国人も、皆キッパをかぶらなければならない。

信心深いユダヤ人の中には、普段でもかぶっている人がいるらしく（シュトゥットガルトでは見かけないが）、そうなると当然のことながら、「私はユダヤ人です」と言いながら歩いている感じになる。

ところが今、ドイツでは反ユダヤ主義が膨張しはじめている。反ユダヤ主義というと、何かれっきとした思想のように聞こえるが、その実態は、嫌ユダヤ。すなわちユダヤ憎悪である。これは、別にナチの専売特許ではなく、中世、あるいはそれ以前より絶えずヨーロッパ全体を支配していた風潮で、今も、アラブ社会、およびイランに顕著に残っている。ただ、それが、よりによってホロコーストの国、ドイツで復活しはじめているということが、とりわけドイツ人にとっては大問題なのである。そこで、政府が対策を練るため、反ユダヤ主義問題の全権委員会を作った。そして、同委員のクライン氏が、ユダヤ人は身の安全を守るため、キッパをかぶらないほうがよいと言ったわけだ。

実は、すでにその一年前に、ドイツ・ユダヤ人中央評議会の会長ヨゼフ・シュースター氏も、ドイツに住む同胞に、キッパをかぶるなという警告を出していた。「キッパをかぶるなら、その上に野球帽か、その他の帽子をかぶれ」と。ちなみに二〇一八年の統計では、ユダヤ人を狙った犯罪が二〇パーセントも増加しているという。

しかし、どんな事情があれ、今回は政府機関に所属する人物が「キッパをかぶるな」と言ったのだ。こうなると、ドイツが今やユダヤ人が安心して歩ける国ではなくなったということを、ほぼ公式に認めたに等しい。それは、戦後長い年月をかけて、ホロコーストを反省し、謝罪し、そのおかげで今や真っ当な国どころか、世界の中で最もモラルの高い国民になったつもりだったドイツ人としては、絶対に受け入れられないことだ。そこで、クライン氏に対する非難が盛り上がってしまった。

アラブ人が嫌悪するユダヤ人

ドイツ社会で突然、反ユダヤ、嫌ユダヤの空気が急激に強まってきた原因は何かというと、誰が考えても、アラブ人の急激な増加である。中東の人々は、激しい反ユダヤ、反イスラエルの教育を受けている。彼らにとって、ユダヤ人は敵というより、この世からいなくなるべき民族といえる。

すでにドイツに長く住むアラブ人は、ユダヤ人にももちろん人権があり、しかも、ドイツでは、ホロコーストに疑問を呈しただけでも刑法に触れるということを知っているので、たとえユダヤ人が嫌いでも、わざわざそれをあからさまにはしない。

ところが、そんなことはつゆぞ知らない新入りのアラブ人が、ごく自然に、自分たちの常識をドイツに持ち込んでしまった。だから、二〇一五年九月に大量の中東難民がドイツに入ったころ、ユダヤ人が不安を感じているという報道もあったのだが、当時のドイツ人は、それを真剣に受け止めずに、やり過ごした。今になってみると、そのユダヤ人の懸念は的中していたのだ。

しかし、ドイツの政治家や難民を支援している人々は、難民原因説を認めるわけにはいかない。それを認めれば、難民に門戸を開いた自分たちに責任が巡ってくるからだ。ゆえに、政治家もメディアも、ユダヤ人襲撃事件と難民の因果関係には見事なまでに触れない。その代わり、取って付けたような他の原因を挙げはじめた。

たとえば政府は最近、盛んに「記憶の文化」を提唱しはじめた。これは、ホロコーストの罪を絶対に忘れないようにし、常に罪の記憶を温存するという文化だそうだが、今まであまり耳にしなかった言葉だ。しかし、現在、大統領をはじめ外相も、ユダヤ人襲撃事件が増えたのは、この「記憶の文化」が錆びついているからと強調している。そこで、特に若い人たちにホロコーストの悲惨さを伝え、罪の意識をリフレッシュし、「記憶の文化」をしっかり認識させるのが危急の課題ということらしい。若い人たちが冤罪を背負わされているように感じるのは私だけだろうか。

「難民は善、極右は悪」というメディアの図式

また、主要メディアも、ユダヤ人襲撃については、やはり難民原因説は採らない。たとえば左翼系のベルリン新聞は、犯罪の約九割は、極右グループに責任があると主張する。そもそもドイツでは、わけの分からない犯罪がメディアの手にかかると、たいてい極右思想のせいと「推定」されることが多い。ちなみに、極左はその反対で、かなり犯罪に近い過激なことをしても、それは「政治活動」として大目に見られる。

なお、同新聞は、ユダヤ人襲撃の犯人がアラブ人である場合も、そのほとんどは、長くドイツにいるアラブ人の仕業であるとする（つまり、二〇一五年以降に入ってきた難民とは無関係ということ）。しかも、「彼らの多くが、反イスラエルや反ユダヤのプロパガンダを流すアラブのテレビ番組を見ていた」のが主な原因だと。こうなると、あたかも、アラブ諸国や右翼の流す反ユダヤの番組に触発されたアラブ人が、ユダヤ人を殴りにやおら外へ出かけていったように聞こえる。しかし、アラブのテレビ局がユダヤ人攻撃をしているのは、別に今始まったことではない。何十年も前からやっている。

蛇足ながら、中国国営のテレビ局ＣＧＴＮ（旧ＣＣＴＶ）は、中国共産党の視点で作った番組を、外国の多くの国に、多くの言語で流している放送局だが、とりわけ反日プロパガンダに熱心だ。それを世界中の少なくとも四五〇〇万人が視聴しているという。しかし、だからといって、日本人が道を歩いていてナイフで脅されたりはしない。

いずれにしても、ドイツ政府や、難民を支援している人々は、かなりの矛盾に陥っている。彼らの理屈は、難民は「善」だという基本の上に成り立っているので、大量の難民が入ったことは良いことなのだ。だから、その良い難民が犯罪を犯すことはありえないし、万が一、あったとしても、それはドイツ人が罪を犯すのと同じで、それ以上でも、それ以下でもないという結論になる。

皆でキッパをかぶろう

ただ、そこらへんの理論構築はどうあれ、いずれにしても、人権を重んじるドイツ人としては、ユダヤ人にキッパをかぶるなどと警告するのは恥だ。だから、クライン氏は集中攻撃を受け、焦った挙げ句、「私の発言は、皆の目を覚ますための言葉だったと理解してほしい」と苦しい言い訳をした。

ところが、そのわずか三日後、彼は、突然、意見を翻し、今度は「キッパをかぶるな」ではなく、「キッパをかぶろう！」と声を挙げた。それも、「皆でかぶろう！」だ。

この提案は、いたくドイツ人の気に入ったらしく、実際、その翌々日に北ドイツで行われたプロテスタント教会の野外ミサでは、集まった信者の多くが、ボール紙製のキッパをかぶった。ユダヤ人との連帯の証拠だというが、この発想が何ともドイツ人らしい。

もっとも、クライン氏の目標は、これではなかった。六月一日にベルリンで開催予定のアル・クッズ・デー（Al Quds Day）のデモである。アル・クッズ・デーというのは、本来はイランの祝日で、一九七九年、イランの指導者ホメイニ氏によって生み出された。

狙いは、ユダヤ人に占領されているエルサレムを取り戻そうということで、イランではこの日、イスラエル国の消滅を期する大々的な官製デモが行われる。ちなみにアル・クッズとは、イスラエルという意味だそうだ。つまり、イスラエル打倒デモである。

そして、このデモが、イランからほかのイスラム教徒の国に飛び火したばかりか、今では、アメリカ、カナダ、スウェーデン、ドイツなどでも行われる。ドイツでは、毎年、ベルリンで大きく開催され、イスラム原理主義組織のハマースやヒズボラのシンパまでが大集合して、不穏な雰囲気となる。

アル・クッズ・デーは、本来はラマダン（断食月）の終わる金曜日だが、ドイツでは、毎年、金曜日の代わりに、翌土曜日に行われ、二〇一九年はそれが六月一日だった（ラマダンは毎年、時期がずれていく）。このような反ユダヤデモが、ドイツで認可されるのはおかしいのではないかという問題提起は絶えずあるが、警察としては、違法なシュプレヒコールや垂れ幕がない限り、デモを禁止することはできないという。ドイツには言論の自由があるからだ。

そこで前述のクライン氏は、だったら、この日にドイツ人が皆でキッパをかぶろうと提案した。ドイツ人は言論の自由も守るが、信教の自由も守るのだという心構えを、目に見える形で示そうというわけだった。

ただ、クライン氏のように警護の付いている人は、何をかぶろうが問題ないし、その前のプロテスタント教会の集会も、身内だけでキッパをかぶって悦に入っているだけだから、これも問題はなかった。しかし、今、巷《ちまた》には、明らかにユダヤ憎悪の考えに凝り固まっている人たちが徘徊している。

クライン氏の提案を聞いて、私がまず思ったのは、万が一、この呼びかけに応じた若者がキッパをかぶって街に出て、そのせいで襲われたりしたら、いったい誰がどうやって責任を取るのかということだった。それに、このアクションが、反ユダヤ主義の撲滅につながるとも思えない。どちらかというと挑発、あるいは、幼稚な自己満足の域を出ないアピールのように、私には思えた。

ドイツに住むユダヤ人は、ほとんどが、第二次世界大戦後、ずいぶん経ってから来た人たちだ。ドイツ人はホロコーストの償いの意味もあり、ユダヤ人の政治亡命はほぼ無条件で認めていた。東欧など、ドイツ人がユダヤ人を虐待した国に関しては、ドイツに移住したいというユダヤ人は、相手の政府にお金まで払って、その亡命を助けた（当時、そのドイツの援助を利用して、東欧からイスラエルに移住したユダヤ人も多かった）。そのうえ、ホロコーストの歴史とは別に、アラブの国から抑圧を逃れてドイツにやって来たユダヤ人もたくさんいる。つまり、彼ら、ユダヤ人にしてみれば、ドイツはもう安全だと思って移住してきたわけだ。なのに、そのドイツが今になってこれほどたくさんのアラブ人を入国させたことは、おそらく信じ難かったに違いない。

アル・クッズ・デーの当日、ベルリンでは、それに対抗して、親イスラエル・デモも行われた。こちらは人権団体、左翼などが応援しており、ベルリンを二つの対立デモ隊が練り歩く事態となった。しかし、大量の機動隊が出動し、厳重な体制を敷いたおかげで、幸い大きな衝突は起こらなかった。

左派党と右派党の躍進

このアル・クッズ・デーのデモは極端な例だが、ドイツではここ数年、いろいろなことで国民の意見がまとまらなくなっている。これまで国民政党と言われてきたCDUとSPDが、昨今、壊滅的なほど支持を減らしており、自分たちの主張を国民の意見としてまとめにくくなっていることも、その原因の一つだろう。その代わりに、左派の緑の党と、右派のAfD（ドイツのための選択肢）が伸び、互いに、まったく異なった意見を主張している。そのほかに、自民党（FDP）や左派党もあり、ドイツは小党乱立の様相だ。

飛ぶ鳥を落とす勢いの緑の党には、すでにCDUやSPDが擦り寄っている。次回の総選挙で、緑の党が第一党になる可能性も浮上してきた現在、緑の党を粗末にはできないからだ。

緑の党や左派党といった左翼系の党の主張では、難民や移民は、増えれば増えるほど民主主義が進むようだ。だから、難民の波がピークだったとき、そのどさくさに紛れて危険人物（テロリストや凶悪犯）が入り込む可能性が指摘されても、その意見は〝人種差別的である〟とか〝根拠がない〟と一蹴された（今では、警察によって危険人物と認定されている難民は、五〇〇人以上といると言われているが）。ドイツ人には、民主主義と言われれば、それを呑まなければならないという強迫観念のような考えを持つ人が、特にインテリのあいだに多い。つまり、緑の党の伸長は、「民主主義」国ドイツとしては、起こるべくして起こった現象とも言える。

そんな風潮の中、ＡｆＤは結党以来、民主主義を揺るがす不吉な勢力として、常に一貫して、全政党とメディアからあからさまな攻撃を受け続けてきた。しかし、その激しいＡｆＤ潰しにもかかわらず、ＡｆＤは今や着々と、安定した足場を固めつつある。

では、いったい、このＡｆＤというのはどういう党なのか。そして、ＡｆＤをめぐって、ドイツではいったい何が起こっているのだろう。

ＡｆＤは二〇一三年に結成された新党で、元々はＥＵの共通通貨ユーロに反対する経済学者たちが作った。その後、方針の相違などから内部抗争が頻発し、何度か分裂もし、党の創立者たちはすでに離脱しているが、支持者はコンスタントに増え続けた。政策はもちろん保守。

伝統や家庭を大切にして、ドイツの主権を取り戻そうとするところは、フランスの国民連合のドイツ版ともいえる。ただ、ＡｆＤには、国民連合のルペン氏のような力強い看板統率者が欠けている。

ここ数年の急伸の理由は、メルケル氏の「難民ようこそ政策」を批判したことが、多くの国民の琴線に触れたからであることは間違いない。つまり、ドイツ人の意見は、難民・移民を巡って真っ二つに割れている。ＡｆＤを育てたのは、ある意味、ドイツ政府の敷いてきた難民・移民政策だったとも言える。

ただし、ＡｆＤは、難民を入れるななどと主張しているわけではない。難民も移民も、入れるなら、秩序をもって、計画的に、数の上限なども決めて国の主導で入れるべきだという意見だ。

存在してはならない党とされたＡｆＤ

現在、ＡｆＤは、各州の州議会でも軒並み議席を獲得しており、それどころか二〇一七年以来、連邦議会では野党第一党だ。普通なら、市民の認知を得た右派の党とみなされてよいはずの立ち位置だが、ＡｆＤに限ってはけっしてそうはならない。それどころか、「存在してはならない党」として、あらゆる方向から、徹頭徹尾、攻撃され続けている。そのポテンシャルが既存政党にとっての脅威であるからだろう。

ＡｆＤの発展を阻害しようとしているのは政治家だけでなく、主要メディアも同様だ。国家主義、差別主義、反民主主義、はてはナチと、ＡｆＤを叩くなら、すでに何でもありだ。今やＡｆＤを支持、あるいは擁護した人は社会的地位が脅かされるというところまで来ている。現在のドイツではＡｆＤ攻撃は正義なのだ。中国や韓国の「反日正義」と何となく似ている。

では、ＡｆＤが何を主張しているかというと、公平に報道されることはないため、ほとんど知られていないが、党の綱領を読む限り、経済政策、難民政策、エネルギー政策など、どれも非常にまともだ。ＣＤＵやＣＳＵ（キリスト教社会同盟）が、十年ほど前に言っていたことと大して変わらない。だから、この十年ほどのあいだに、ＣＤＵやＣＳＵがいかに方向転換をしたかがあらためて分かる。あえて違いを言えば、ＡｆＤの場合、当時の保守の主張に、もう少し「愛国」とか「伝統」という味付けがなされていることだろうか。

ただ、だからと言って、反民主主義ではない。そもそも、反民主主義など唱えれば、ドイツで政党として公認されない。だから、そのＡｆＤを駆逐することが正義だという理屈には、根本的に矛盾がある。

もちろん、時にとんでもない発言をするネオナチっぽい議員も存在する。たとえば、旧東独のチューリンゲン州のＡｆＤ代表を務めているビヨン・ヘッケという政治家は、かなりの「トンデモ発言」を繰り返しており、メディアがそればかりを報道するので、ＡｆＤ全体がネオナチだと思っている人もいるが、それは違うだろう。党としては、ヘッケ氏の言動を是認しているわけでもなさそうだが、一方では、そのおかげで注目を浴び、しかも支持者が増えているという現実も無視できないらしく、少なくとも二〇一九年の九月と十月に予定されている議会選挙が終わるまでは、作戦上、放置してあるように見受けられる。どの新党にも不適切な人間はつきものだが、ＡｆＤが将来、全方面からの攻撃にもかかわらず生き延びていくとすれば、そういう問題分子は時間とともにしだいに淘汰されていくのではないか。

常軌を逸した攻撃

ただ、現在は世間がこんな調子なので、ＡｆＤは、集会の会場探しからして大変な苦労だ。ＡｆＤと係わるとメディアを敵に回すし、左翼から激しい嫌がらせを受けるため、皆がなるべく避けて通る。だから、公認政党でありながら、集会場を借りることさえままならない。

それが頂点に達したのは、二〇一七年の党大会だった。このときは、ケルンのホテルが会場に決まったが、前日より左翼の集団が結集し、不穏な雰囲気となった。ケルン市内は厳戒態勢が敷かれ、四〇〇〇人の警官と、放水車、装甲車まで展開された。そればかりか、ホテル上空は民間機の飛行が禁止された。

大会の前日、『シュピーゲル』のオンライン版は、「ケルンのAfD党大会の安全　警察は『大変懸念』」、『フランクフルター・アルゲマイネ』のオンライン版は、「ケルンのAfD党大会 警察は五万人の反対デモを予想」と、危機感を煽った。あたかも、「AfDのせいで、街の平和が脅かされ、皆がこんなに苦労している」と言わんばかり。しかし、警戒されていたのは、AfDのシンパの暴力ではなく、極左の暴力だった。

そして当日。公共の交通手段を使ってきたAfD党員は、怒号の中、警官に守られて会場に向かった。公共手段を使ってきたということは、年配の夫婦などが多い（ドイツでは、たいていの人は車で来る）。ニュースでその光景を見ていると、そういう年配の市民を、すぐ近くまで迫った武装左翼が大声で脅し、つばまで吐きかけていた。そして、少し離れたところでは、反AfDデモが準備されていた。

このときのニュースで私がもっとも驚愕したのは、反AfD、反右翼、反ナチを謳う市民団体、キリスト教会、フェミニストグループ、それに加えて、暴力的な極左までが一緒になったこの日のデモに、ノートライン＝ヴェストファレン州（当時はSPD政権）のクラフト州首相（当時）、緑の党の代表オツデミア氏（当時）、左派党の州代表デミレル氏（当時）など、左翼の政治家たちが参加していたことだ。政党が党大会を開くことは、党の権利であり、義務でもある。それを政治家が妨害するというのは正しいことなのか？　しかし、これらの出来事を、大手メディアは正義として報道した。

ちなみに教会は、「我々の十字には鉤《かぎ》はない」をモットーに掲げた。鉤というのは、ナチの鉤十字にたとえてある。つまり、教会からナチを締め出すということだ。ドイツではこれまで、ナチという言葉を使って人を誹謗することはタブーだったが、今では、教会までがＡｆＤをナチ呼ばわりして憚らない。しかも、ナチ呼ばわりされているＡｆＤがヘイトスピーチをすると言って、しょっちゅうやり玉に挙げられているのだ。

このデモのあと、やはりデモ支援を表明していたケルンのカトリック教会の司教は、「もしも著名なＡｆＤ党員がケルンの大聖堂を訪れたらどうするのか」というジャーナリストの質問に対して、「改宗の気持ちのある人は歓迎だ」と語ったという。（二十一日付の『フランクフルター・アルゲマイネ』紙のオンライン版）

ＡｆＤ支持者は、ＳＰＤや左派党とは違い、キリスト教信者が多い。つまり、この場合の改宗というのは、思想のことだろうか。異なる思想を認めないのは中世のキリスト教会だった。なお、会場となったホテルのマネージャーは、メディアのインタビューに答えて、

「もうＡｆＤには二度と貸さない」とコメントした。

そして、この不穏な空気は、その後二年間、収まるどころか、さらに増長していった。

ＡｆＤ議員、何者かに襲撃される

二〇一九年、一月七日の夜、ブレーメン市でＡｆＤの議員、フランク・マグニッツ氏が、地元紙の新年イベントからの帰途、覆面をつけた三人の男に襲撃されるという事件が起こった。

ＡｆＤがその夜中にフェイスブックで第一報を出したが、それによれば、マグニッツ氏は後ろから来た犯人に頭を角材で殴られ、地面に倒れたところを、さらに踏みつけられたという。氏は一時気を失い、偶然、近くにいた二人が助けに駆けつけたが、犯人たちは逃走。血まみれになって横たわる氏の写真も公開された。

翌日、似たようなバージョンをブレーメンの警察が公表し、「すべての方向で捜査する」と述べた。そして、シュタインマイヤー大統領がただちに、「議員に対するあらゆる暴力は法治国家への攻撃である。それに対して我々は団結し、断固対決すべきである」という模範的コメントを出した。

しかし、その後の展開は驚くべきものだった。

いろいろな政治家が、この事件に対するコメントを発し、もちろん皆が、政治に暴力を持ち込んではならないと明言しているものの、多くのコメントには、奇妙な「注釈」のようなものがくっついていた。

たとえば緑の党のオッツデミア氏のツイート。

「たとえAfDに対してでも暴力は正当化できない。憎悪とともに闘争する人間は、最終的に憎しみを手にする。#nazisraus（注・ナチは出て行けという運動）は、我々の法治国家の手段である」

マグニッツ氏をナチと決めつけ、襲撃されたのは自業自得。自分たちが憎しみを振りまいたので、結局は自分が憎まれ、襲われたという論理だ。だから、「ナチは出て行け」運動は正しいという結論につながっている。

四日後の十一日には、ブレーメンの検察が犯行当時の監視カメラの映像を公開した。すると、皆が寄ってたかって、AfDの発表した内容と食い違っていることを強調した。たとえば武器は角材ではなかったとか、倒れた後に踏みつけられていないとか。マグニッツ氏やAfDが、あたかも事を大げさに言い立てたと言わんばかりだ。そんな記事を読まされていると、「なんだ、大したことなかったんじゃないか」という気にさえなってくる。

でも、冷静に考えてみたら、加害者に対する非難より、被害者に対する非難のほうが大きいのはおかしくないか？ 道路を歩いていて、襲撃され、血だらけになっても、ＡｆＤの議員なら自己責任であるかのようだ。ドイツは、いつからこんな変な国になってしまったのだろう。

その翌日は、ＺＤＦ（国営第二テレビ）がオンラインページで、『ＡｆＤは現実を拒絶フランク・マグニッツ襲撃の後、ＡｆＤはその責任を他の政党に押し付ける』という記事を出した。リードは、『言語学者のハイドルーン・ケンパーが語る。その背後に（注・ＡｆＤの）作戦』。ＡｆＤが事件を政治利用しているとでも言いたげだ。それを読みながら、私はマグニッツ氏がつくづく気の毒になった。

ただ、反論ももちろんあった。保守の『キケロ』誌では、ボリス・ライトシュースター氏が、ＡｆＤに対する度を超えた攻撃を見ながら、皆が沈黙していることに警告を鳴らした。

「アンティファ（反ファシズムを唱える極左グループ）の代表は、殺人につながったかもしれない行為に対して、フェイスブックで『ありがとう』のコメントを出した。そして、それに対する抗議があったにもかかわらず、フェイスブック側はこのコメントは『共同社会のスタンダードを棄損しない』とし、削除しなかった。これは知性に対する放火だ」

主要日刊紙の一つである『ヴェルト』紙のオンライン版には、リヒャルト・シュレーダー氏の「『ナチは出て行け』という合言葉は憲法違反」というタイトルの記事もあった。

「極右の牙城」とされたザクセン州

興味深いことに、ドイツの中で、そのＡｆＤが文句なしに強いのが、旧東独地方だ。ドイツ東部のケムニッツという町は、東ドイツ時代、カール・マルクス市といった。町の真ん中には、今でもカール・マルクスの巨大な顔のオブジェが鎮座している。高さ十三メートル、スフィンクスのような迫力。今は亡き東ドイツの忘れ形見だ。

ケムニッツはドイツ東部のザクセン州にあり、そのお隣はチェコ。ドイツの産業革命以来、第二次世界大戦まで重要な工業都市で、一九三〇年代には人口が三六万人を超えた。一九四五年の二月と三月の大空襲で、町の八割が瓦礫と化したが、その後、再び主要工業都市として復活。東ドイツの産業を支えた。

一九九〇年、東西ドイツが統一された途端、人々が真っ先にしたのは、この町の名前を元に戻すことだった。その後、ライプツィヒ、ドレスデン、ケムニッツといった工業都市を抱えたザクセン州は、不景気の旧東独の中では、例外的に着実な発展を見せた。しかし、そのザクセン州が、ここ数年来、極右の牙城という汚名を着ている。ＡｆＤが強いせいだ。

二〇一九年五月の欧州議会選挙でも、ザクセン州ではＡｆＤが第一党だった。その他、前述のヘッケ氏のチューリンゲン州、ザクセン＝アンハルト州と、旧東独は軒並みＡｆＤが好調だ。しかし、そのせいで旧東独市民は、極右の土壌を耕すいかがわしい人々として、色眼鏡で見られるようになってしまった。

これが一流紙のやることなのか

二〇一八年八月二十六日、ケムニッツで殺人事件があった。ここでは二十四日から三日間、シティ・フェスティバルが催されていたが、最終日の未明、三人のドイツ人がナイフで襲われて重傷を負い、うち一人が病院で死亡した。

容疑者として、二人の外国人が捕まった。当初、警察は彼らの国籍を公表しなかったが、翌日、シリア人とイラク人だと発表された。すぐに逮捕状も出た。ただ、残る二人の負傷者のほうは、まもなくニュースから消えてしまった。なぜ、難民に襲われたかも、今、どうなっているのかも、一切報道されない。

当局が難民の犯罪から国民の関心を逸らそうとするのは、今に始まったことではない。相次ぐ難民の犯罪は、難民政策の失敗を露呈するし、これまで政府の難民政策を批判してきたＡｆＤにとって強力な追い風にもなる。つまり、報道しないに越したことはないわけで、その方針に主要メディアが協力している。

そんなわけで今のドイツでは、難民政策を再討議しようと提案しただけで、極右ポピュリストの烙印を押されるという風潮が定着した。だから、難民の犯罪を問題として取り上げようとする政治家やメディアは、事件を難民排斥に利用していると非難されるのがオチだ。難民や移民に関しては、自由な議論ができない空気がすでに出来上がっている。

ザクセン州での殺人事件のあった直後、ＡｆＤは急遽、規則どおりの手続きをとって街頭集会を開催。暴力に抗議し、犠牲者を追悼したのち、一時間後に解散した。この集会には普通の市民も多く参加したが、それが平和裡に終わったことについては、警察もツイートで報告している。

しかし、そのあと、カール・マルクスの頭像の立つ広場に、どこからともなく、八〇〇人の人々が集まった。こちらは無認可で、しかも、フーリガンのような暴力的な勢力が混じっていたため、警察が集会を阻止しようとして、小競り合いになった。警察の発表では、八〇〇人の群衆のうち、暴徒が約五〇人いたという。少なくともこの五〇人は、ただ、暴れるために集まったと思われる。

この無許可の集会のあと、ありとあらゆる情報がＳＮＳ上で飛び交った。外国人が駆り立てられたという情報もあったが、メディアで公開されたたった二本しかないスマホの画像には、追いかけっこは写っているが、暴力シーンはない。しかも、逃げているのが、外国人であるかどうかも分からない。

なのに、さまざまな噂や、あやふやな情報を「証拠」にして、大手のメディアが、ザクセンに巣食う極右を攻撃しはじめた。

「暴徒が集まった。何百人もが一瞬のうちに。彼らは町を練り歩く。見ていた人が言うには、外国人狩りが行われていた。（中略）警察の手には負えない。我々はどこにいる？ ケムニッツだ。ザクセン州だ。もちろん、またもやザクセン」

これは、『シュピーゲル』のオンライン版に載ったヤコブ・アウグスタインのコラムからの抜粋。リードには、「ドイツの問題都市」とある。

しかし、「見ていた人が言うには、外国人狩りが行われていた」というのが、一流ジャーナリストが書く文章とは思えない。しかも、ザクセン州の人々を十把一絡げに犯罪者まがいにしている。

『南ドイツ新聞』はどうか。

「極右は一人の男の死を自分たちの目的のために悪用している。（中略）八〇〇人の極右が、吠えながら町を練り歩く。そのルートに紛れ込んでしまった移民たちは、罵られ、攻撃されたと、目撃者は語った」

これもまた、目撃者の語った話だ。一流新聞が、噂だけでニュースを作れるなら、この先ジャーナリストは要らない。

難民政策の是正を求める市民にナチの烙印

この報道のあと、ケムニッツは正常に戻らなくなった。今度は本当に何百人もの右派勢力がドイツ中から結集し、それに対抗して、さらに左派がデモを打った。当然、二つのデモは衝突し、市の中心で火の手が上がり、器物が破壊され、怪我人も出た。警察は、その二つの勢力を引き離すのに精一杯で、ほとんど機能不全になりかけた。堂々と意見が戦わされるのではなく、暴力集団が暴れ、住民の安全が脅かされるという、日本では考えられないような状況にケムニッツは見舞われた。

緑の党の幹部は、このデモを「ザクセンのポグロム」と名づけた。ポグロムというのは、もともとは「破壊・破滅」という意味だが、この場合は、ナチがユダヤ人に対して行った殺戮、略奪など集団的迫害行為を指す。つまり、「ザクセンのポグロム」という言葉は、そのインパクトからいうと、ほとんどプロパガンダに近い。

しかも、このときの暴動は、極右だけでなく、極左のせいもあったので、その責任をポグロムという言葉で極右に押し付けるのはおかしかったが、その点を政治家もメディアも指摘しなかった。

そして、さらにおかしかったのは、平和的にデモに参加した一般の市民までが、皆、ナチとして白い目で見られたことだ。彼らが難民政策の是正を要求したためだろう。

ＦＤＰ（自民党）の党首はケムニッツのデモを非難して、「敵はＡｆＤだ」と言った。ＦＤＰは左派ではなく、政治的には緑の党と対立している党だが、そのＦＤＰが、一足飛びに「敵はＡｆＤ」と言ったのは、ＡｆＤ潰しの構図としては非常に分かりやすかった。ドイツの政党には、すでに、ＡｆＤを批判しなければ、自分たちも同じだとみなされてしまうかもしれないという強迫観念さえある。結局、ザクセンで起こっていることを、メルケル首相も、他の政治家も、軒並み非難した。

しかし、州民が一同に難民を排斥しているようなイメージをそのままにしておけなかったザクセンの州首相クレッチマン氏（ＣＤＵ）は、九月五日、州議会で、「ザクセン州では、外国人狩りも、ポグロムもなかった」と明言した。州民バッシングへの厳重な抗議である。

このころ、この騒動のきっかけとなった殺人の容疑者についての情報も少しずつ漏れ出てきた。連邦法務省の発表によれば、一人目は二〇一五年九月、メルケル首相が国境を開いたときに入ってきた八九万人の難民の一人。シリア難民というが、それは自己申告によるもので、パスポートはない。

二人目は麻薬売買、傷害罪の前科のあるイラク人。こちらも難民として入っており、身分証明書は偽物だった。三人目は指名手配中で、武器を持って逃走しているという。

（追記＝この殺人事件からほぼ一年後の二〇一九年八月二十二日、シリア人に対する懲役九年半の判決が出た。しかし、この裁判は政治的圧力で歪められているとして、主要メディアが判決を疑問視する見解を展開している。私としては、ここまで難民を擁護する傾向の強いドイツで、シリア難民の罪を認める判決が出たということは、よほど明確な証拠があったのだろうと考えたが、メディアの報道は、あたかも冤罪であるような印象を与える。弁護団は即座に控訴を決定したため、決着はまだしばらくつかない。）

どちらが民主主義なのか

難民に関する右派、左派の主張の食い違いを一言で言うなら、右派が治安回復を求め、制御不能になってしまっている難民政策の見直しを要求しているのに対し、左派は、その右派をナチだとして糾弾していることに尽きる。つまり、争点は食い違い、議論にもならない。

ただ、ザクセンの州民が極右でないことは、現地に行ってみればよく分かる。人々は朴訥で、親切だ。東独時代はもちろん、統一のあとも西側ほど外国人労働者が入らなかったので、外国人自体に不慣れなところはあるが、旧西独の人々のような上から目線はない。

なお、私の印象では、ザクセン人はお上《かみ》に反抗的だ。西側のように、政府と一丸となって、道徳を下々に広めようというような偽善ぶったところも少ない。三十年前まで東ドイツという独裁国家で生きてきたため、中央の政治やメディアへの不信感が元々強いこともあるのだろう。統一のあと、西側のものすべてに飛びついた時期もあったが、今ではそんな感情は卒業し、自分たちの価値観を構築しはじめているように感じる。グローバリズムが支配している西側の思想や政府のあり方にも懐疑的だ。つまり、民主主義というものに西側の人間よりも敏感なのが、ザクセンをはじめとする旧東独の人たちとの見方もできる。そんな彼らの耳には、ＡｆＤの主張が、いちばん真実に近いと思えるのではないか。

はっきりいって、現在のドイツの政界には、ＡｆＤ以外には真の野党といえる政党がない。破竹の勢いの緑の党は、思想的にはすでにＣＤＵを取り込んでいるし、ＳＰＤはＣＤＵと連立を組んでいた時間が長すぎるので、難民政策を否定したりすれば自己否定になってしまう。堂々と異見を述べられるのはＡｆＤだけだ。いずれにしても、私は、ザクセン州にナチがはびこっているという意見には、大いに違和感を持つ。

その反対で、民主主義に西側の人間よりも敏感なのが、ザクセンをはじめとする旧東独の人たちではないかと思っている。

二〇一九年一月十五日、憲法擁護庁の長官が、ＡｆＤを監視対象とするかどうかの検討調査を開始すると発表した。

　憲法擁護庁というのは、国内の治安を守るための諜報機関で、国家反逆を企てたり、憲法に違反したり、反民主主義思想を流布したりする政党や団体を見張っている。いずれにしても、政党が憲法擁護庁の監視対象となれば、それは活動停止を命じられる前段階ともいえる深刻な事態だ。

　この発表に対して、左派党だけが「ＡｆＤとは議論で戦っていくべきだ」と、党の禁止には強く反発。左派党は、政治的にはＡｆＤとは対極に位置する党なので、この主張は立派だと思う。しかし、ＳＰＤやＣＳＵは、憲法擁護庁の決定を正しいこととして歓迎した。

　二〇一九年秋には、旧東独の三州で州議会選挙がある。どれも、ＡｆＤの強いところだ。ＣＤＵとＳＰＤはさらなる瓦解が予想されていた（九月一日のザクセン州とブランデンブルク州では、実際、そのとおりになった。十月には、やはりＡｆＤの強いチューリンゲン州の州議会選挙が控えている）。彼らとしては、ＡｆＤの力をどうにかして削ぎたい。だから、憲法擁護庁のこの動きは大いに歓迎だったのだろうが、しかし、言論弾圧にも繋がるこのような案件に与《くみ》するのは、民主主義を標榜する党として恥ずかしくないか？

　なぜ、こんなことになったかというと、その前奏曲がある。そのわずか二ヵ月前の二〇一八年十一月、憲法擁護庁の長官の交代劇があった。メルケル首相に批判的な前長官のマーセン氏が、まさに前述のザクセン州での難民による殺人事件の騒動の際、右派を擁護した廉《かど》で非難を浴び、激しい政治の攻防の末、解任されたのだ。異端審問と陰口を叩かれた解任劇だった。そして、その後任の新しい長官が、なんと、すぐさまＡｆＤを潰しにかかったのだった。

この動きはあからさまで、しかも展開の早さは、目を瞠《みは》るばかりだった。ドイツの政治家は、「たとえ法律を犯す者の人権であっても、それを守り通すのが民主主義」と胸を張り、犯罪を犯した難民さえ守り通すつもりだ。しかし、異なった意見をもつ人間は葬り去る。私の認識では、これは全体主義への道だ。

難民に端を発した各党の「正当性」争いは、政界だけではなく、国民のあいだにも大きな亀裂を作った。そして、この亀裂の修復の兆しは、まだ見えない。

第 七 章

ＥＵが
夢から悪夢に
変わるとき

欧州議会選挙におけるEU懐疑派の急伸

内部で分断が起きているのはドイツ国内だけでなく、EUも同様だ。それは、二〇一九年五月末のEUの欧州議会選挙で、嫌というほど明らかになった。EUの運命を決する選挙と言われたが、結果を見ると、確かにEUの方向が変わりはじめている気配が一段と濃い。そして、分断の根本原因の一つが、やはり難民・移民なのである。

欧州議会というのは、人口比によって加盟国各国の議席数が決まっている。総議席数は七五一で、人口のいちばん多いドイツが九六議席で最大、小国マルタは六議席だ。そして、各国が、誰を議員として送り込むかを決めるために行うのが欧州議会選挙である。

欧州議会では、各国の同じような政治方針の党が集まって会派を作っており、現在、八つの会派が存在する。いちばん大きなのが、EPP（欧州人民党）で、中道右派やキリスト教民主主義系の会派だ。そして、その次がS&D（社会民主進歩同盟）で、言うまでもなく社民党系。これまでは、この二つの会派が大連立を組んで、EUをほとんど思いのままに運営してきた。

ところが、今回、この二会派は、上位二位の地位は保てたものの、票数が落ち込み、両会派合わせても過半数を取れなくなってしまった。ドイツ国内で起こっていることとよく似ている。

その代わりに伸びたのが、リベラル系のＡＬＤＥ会派。彼らは、ＥＵが力を持ちすぎ、各国の自由な経済活動を規制でがんじがらめにすることを嫌っている。ちなみに、マクロン大統領の「共和国前進」もこの会派に加わっている。

しかし、最も注目すべきは、ＥＵ懐疑派、民族主義派など、いわゆる右派ポピュリストと呼ばれる会派の急伸だった。現在は、これら〝ポピュリスト〟たちは、欧州保守改革グループ（ＥＫＲ）、民族と自由のヨーロッパ（ＥＮＦ）、自由と直接民主主義のヨーロッパ（ＥＦＤＤ）の三会派に分かれているが、三党のどれもが、これまでの難民政策の仕切り直しを唱えている。これらが、もし一つにまとまれば一大勢力となるだろう。いずれにしても、難民受け入れを積極的に進めてきたＥＰＰとＳ＆Ｄの落ち込みと、それに反対する三党の伸張が、二〇一五年の難民の大量流入に対するＥＵの有権者の答えだったと思われる（欧州議会選挙は五年ごと）。

フランス国民が選んだルペン氏

主な国の選挙結果を、少し詳しく見てみたい。

フランスでは、ヨーロッパ派の先鋒マクロン大統領の「共和国前進」党が不振だった。

この現象は、党首であるマクロン氏の不人気と連動している。マクロン大統領はEUの牽引役を自認し、二〇一八年秋には、あたかもEUの主《あるじ》のような顔で、EU各国に「EU再生」「more Europe」などと呼びかけたが、EU市民どころか、自国民もついてこなかったわけだ。

そして、「共和国前進」の代わりに第一党に躍り出たのが、メディアや既存の政治家が「極右」と呼ぶマリーヌ・ルペン氏の「国民連合」。この党をどうにかして排除しようとしていたのは、フランスの政治家だけでない。ドイツの政治家や主要メディアも「国民連合」攻撃には余念がなかった。しかし、ここまでフランス国民の支持が伸びれば、「極右」のレッテル貼りも疑問だ。そもそも、国民連合の思想は極右とは程遠い。

ルペン氏は、二〇一五年にメルケル首相が中東難民に国境を開いた際、「EUの女帝メルケル」を強く批判した。確かに、メルケル首相の独断により、EUのダブリン協定が反故になり、しかも、EU加盟国が、自国に難民が流れてくるのを恐れて国境を閉じたので、結果的にシェンゲン協定も壊れた。たとえばデンマークは、今も国境審査をやめず、ドイツから入ってくる人間を調べているし、実は、そのドイツさえ、オーストリアとの国境を見張っている。

しかもルペン氏は、メルケル首相の難民政策が、最終的にEUへの違法難民を増やし、挙げ句の果てには、行き場をなくした難民が他の国々に押し付けられる結果になると非難したが、それらはすべて現実となった。氏は現在、難民の受け入れ人数を制限すべく、ＥＵの難民政策の修正を求めている。

フランスは、過去に植民地を持っていたこともあり、元々移民が多い。だから、深刻な移民問題をずいぶん前から抱えている。郊外のあちこちには、することのない移民とその家族がスラム街を形成し、アンタッチャブルな犯罪の温床を形成した。この先、難民が増え続けると、移民問題はさらに拡大する。一度入った難民が出ていくことは稀で、ほとんどがいずれ移民となるからだ。これはどの国でも必ずそうだ。

だから、フランス国民も、また、すでにフランスでしっかり定着している移民たちも、もう、そろそろ無理な難民政策や移民導入には制限をかけてほしいと願っている。そして、そういう人たちの票をルペン氏が掴んだ。

イギリス国民がＥＵ離脱を決心した理由

イギリスはというと、Brexit のすったもんだが三年も続き、いまだに離脱できないまま、止むを得ず欧州議会選挙に突入。国民が、税金の無駄遣いだと怒っていたというが、当然だろう。しかも、選挙直前に、ＥＵ議会議員のナイジェル・フラージュ氏が Brexit 党というのを立ち上げ、それが第一党になるというサプライズ付きだった。

イギリス人がEU離脱を決心した大きな原因の一つが、やはり移民だと言われる。かつて大英帝国として、フランスと同じく、あちこちに植民地を持っていたイギリスは、元宗主国として移民を受け入れているうちに移民大国となった。そこに、二〇〇四年のEUの東方拡大で、ポーランドなどからさらに大量の移民が流れ込んだ。それはイギリス社会に、メリットとデメリットの両方をもたらした。

これまでEUでは、大国ドイツがフランスと共に実権を握り、EUの権限の強化に励んできた。当然のことながら、EU第二の大国イギリスは、それを嫌った。このままでは、いずれ、移民や難民の人数や内訳を自国で制御することができなくなる。そうなれば、自国の主権さえ失われていく。

そこで、このままEUに居続けるわけにはいかないとなったが、その後、メイ首相はEUとのディール（取引）を試みて、時間を無駄にした。結果的に、イギリス国民はすでにメイ首相に背を向けたが、だからといって混乱が収まるわけではない。しかも、ボリス・ジョンソン新首相が、前任者より首尾よくことを進める保証もない。いずれにしても、欧州議会に七三議席も持つ大国であるイギリスが抜ければ、覆水盆に返らず。EUでは、権力構造が大きく変化するだろう。小党乱立ならず、小会派乱立の状態に陥り、何も決められない無用の長物となる危険は、かなり高いと思われる。

ＥＵに楯突く政権が発足したイタリア

さて、ＥＵの難民政策のおかげで、もっとも多くの被害を受けたのがイタリアだ。二〇一一年のチュニジア革命後、アフリカ大陸から地中海を渡ってくる難民が、いちばん近いイタリアを目指したがため、イタリア領のランペドゥーサ島が、ボート難民の格好の目的地となったことは、すでに記した。

その後、騒乱がチュニジアからリビアに広がり、ランペドゥーサ島に流れ着く難民は減らなかったばかりか、二〇一五年、ドイツが中東難民に国境を開いてからは、さらに爆発的に増えた。この経緯を理解すれば、イタリア人がドイツ人、ひいてはそのドイツ人が仕切るＥＵに対して良い感情を持てなかったのは、至極当然のことであろう。

しかもイタリアには、押し寄せる難民だけではなく、ユーロ危機という、やはり反ＥＵ感情を助長する問題が存在した。その上に、政治家の汚職に対する反発も重なり、国内での政治の基盤はみるみるうちに壊れていった。

積もりに積もった国民の不満は、二〇一八年の総選挙において、反政府の左派「五つ星運動」と、右派の「同盟（当時は北部同盟）」という二つの新党を突出させる原動力となった。

どちらも、ドイツメディアが蔑《さげす》んできた政党だ。前者は、「おふざけ政党」として、後者は「極右ポピュリスト」として。そして、この二党がまさかの連立を組んだ。

いずれにしてもドイツの主要メディアは、イタリアにＥＵに楯突く政権が発足したことを良からぬ兆候として報道したが、そんなことはお構いなしに、六月、内相に就任した「同盟」のサルヴィーニ党首は、即座に厳しい移民政策を敷いた。もちろん、反ＥＵの移民政策だ。

そのあと、一週間も経たないうちに、ＮＧＯ船「アクアリウス」号が、いつもどおり難民を救助し、シチリアに向かった。ところが、サルヴィーニ氏は「アクアリウス」がイタリアの港に入港することを拒んだ。

アクアリウスは、フランスのＮＧＯ「SOS Mediterranee」の船だ。Mediterranee というのは、地中海という意味で、二〇一五年五月、主にリビア発の難民を救助し、ヨーロッパに連れてくることを目的に作られた。彼らは二〇一六年だけで、一万人以上の遭難者を救助し、イタリアに運んだ。運営はすべて寄付によるが、これほど大きな船をチャーターしているのだから、裕福な組織であることは確かだ。資金援助している団体の中には、世界的に有名な財団も含まれると言われる。

違法な難民救済にノーを突きつける

ＮＧＯのメンバーが、海上で難民の救助に携わったり、あるいは港での難民受入れに従事したりしている献身的な姿は、しょっちゅうメディアで流れる。そもそもＮＧＯの目的は、できるだけ多くの難民をヨーロッパに連れてくることだ。

しかし、人権擁護という名の下で行われているそれらの行動は、言い換えれば難民の密航幇助であり、それはイタリアにとっては好ましからぬことだった。ただ、これまでの政権は、反人道の誹《そし》りを受けることを恐れて、声を上げなかっただけだ。

ところが、その八方ふさがりの状況に、はっきりと「ノーサイン」を出したのが、サルヴィーニ内相だった。メキシコからの不法移民をなくすと言って、差別主義者呼ばわりされているトランプ大統領とよく似ている。イタリアのカトリック教会は、サルヴィーニ氏のやり方を「わが国の恥である」と非難したが、なんと言われようが気にしないところも、トランプ大統領と同じだった。

そのため、はたして「アクアリウス」は六二九人もの難民を積んだまま、行き場を失った。船内の難民の出身国は三一ヵ国にも及び、ほとんどがアフリカ人だった。

イタリア政府は、食料や水の差し入れをしたうえ、アクアリウスの衛生状態を改善するため、二隻の船を出し、難民五〇〇人をそちらに移した。医療のケアもした。しかし、入港の許可は出さず、マルタに受け入れを要請した。

しかし、マルタも拒否し、事態は膠着した。最終的に、おそらくEUの強い要請があったのだろう、スペインが受け入れに同意し、バレンシア港を開いた。シチリア沖からバレンシアまでは一三〇〇キロメートルの距離がある。アクアリウス号は、メディアが注目する中、四日がかりの地中海横断の果て、ようやくバレンシア港に到着した。

ところが、同月末には、今度はドイツのNGOの「ライフライン」号が、二三四人の難民を積んで漂流することになった。イタリアもマルタも入港を拒否した。最終的にはマルタが、上陸した難民はほかの国がすべて引き取るという条件で、ライフラインを入港させた。難民を引き取ったのは、ドイツ、フランス、スペインなどだった。

八月になると、再びアクアリウスが一四一人、九月に五九人の難民を運んだが、その後、船の登録に不備があったという理由で、結局、パナマが船籍を剥奪し、アクアリウスの活動は事実上終了した。

これら一連の出来事は、ユーロッパの人権派、および良識派を自認する人々にとっては許しがたいことだったが、今まで難民問題で苦闘し続けていたイタリアが、まさにその難民を逆手に取った形で、突然、難民問題に対していちばん大きな影響を行使できる国へと変貌した事件でもあった。

難民の元を断とうとしたサルヴィーニ伊内相

サルヴィーニ内相は、こうしてＮＧＯに圧力をかけつつ、最初の外遊先としてリビアに飛んだ。リビアはカダフィ大佐が倒れて以来、ほぼ無法地帯のまま現在に至っている。暫定政府も、実際に国を制圧できているわけではない。だからこそ、犯罪グループもやりたい放題で、大きな船に難民を詰め込んで、ヨーロッパに送り込むことができる。そのため、今やまさにアフリカのハブ港となり、アフリカ中の難民志願者がリビアに集合していた。アフリカでは、まだ一〇〇〇万人もの若者が、ＥＵに渡る機会を虎視眈々と狙っているといわれる。

つまり、今、ＥＵの難民問題の鍵を握っているのは、このリビアなのだ。サルヴィーニ氏は、そこに切り込んで、どうにかして難民の元を断とうとしている。

二〇一九年六月に、ＥＵが発表したところでは、同年の一月から四月までにＥＵで提出された難民申請は二〇万六五〇〇件で、前年の同時期より一五パーセントも増えた。これまでのように中東やアフリカからだけでなく、混乱している南米のベネズエラやコロンビアなど、ＥＵへビザなしで入れる国々から飛行機で来て、空港で難民申請をするという正規の方法を採る人も増えているという。将来、徐々に飛行機で到着する難民が増えるなら、イタリアやギリシャの難民問題は緩和されるかもしれないが、そうなると、再びドイツがターゲットとなる可能性は高い。

難民はこれからもますます増えるだろう。南米からのルートにも、犯罪組織が入り込むのは時間の問題だと思われる。あるいは、すでに犯罪組織の手が入っているから、難民が増えているのかもしれない。

二〇一九年八月、勢いづいたサルヴィーニ氏は、「五つ星」との連立を解消し、総選挙に持ち込もうとした。選挙をすれば「同盟」だけで過半数を取れると踏んだのだ。それを受けて二十日、怒ったコンテ首相が辞意を表明した（コンテ氏はフィレンツェ大学の法学教授で、実は「同盟」と「五つ星」という不思議な連立政権を成就させるために引っ張ってこられた、無所属の、つまり中立的な人物であった）。これにより、イタリア政治は新たな混乱に陥ったかに見えた。

ところが、まもなく「サルヴィーニ排除」の掛け声の下、今度は、「五つ星」とＰＤ（民主党）が連立を模索。再びコンテ氏を首相に立てて政権を奪取するという思わぬ展開となる。犬猿の仲だったこの二党が連立を組んだ背景には、総選挙を回避するという目的のみが大書されていた。総選挙になったら、サルヴィーニ氏が過半数を獲得した可能性は高かったと言われる。

　こうしてサルヴィーニ氏は、図らずも野に下った。新政権が樹立してまもなく、イタリア政府は再び難民を積んだＮＧＯ船の入港を認めるようになった。到着した難民をドイツやスペインが手分けして引き受ける予定だ。いずれにしても、サルヴィーニ氏が敷いた難民政策はすべて急激に修正されるのだろう。ただ、国民がそれを欲しているのかどうかはよく見えない。イタリアの内政はこれからさらに混乱を深めると思われる。

左派「緑の党」が大躍進したドイツ

　では、ＥＵの最大国であるドイツで、先の欧州議会選挙の結果がどうなったかというと、ＣＤＵとＳＰＤというかつての国民政党が、両方とも壊滅的といえるほど票を減らしたところは、他の多くの国々と同じだ。ただ、その代わりに急浮上してきたのが、右派でもＥＵ懐疑派でもなく、なんと、緑の党だった。しかも、緑の党は選挙後も上昇気流に乗ったままで、今やドイツ第一党に伸し上がりつつある。ヨーロッパは元より、世界中を見ても緑の党がここまで強い国はどこにもない。

　欧州議会選挙前のアンケートでは、ドイツ人が最重要の課題として掲げていたのが「地球温暖化防止」だった。つまり、ドイツ人の関心事は、経済でもなければ、難民問題でも、エネルギー政策でもなく、いかにしてCO_2を減らすか。他の国の国民が、切羽詰まった問題を抱え、いわば生存をかけてもがいている中、ドイツ人はどこか高みから地球の環境を俯瞰している感がある。そして今も「惑星を救え」と、大人と子供が一丸となって突っ走っている。

難民に関しては、緑の党は遥か昔から、来るものは誰でもすべて受け入れようという方針だ。二〇一五年九月の、メルケル首相の「難民ようこそ政策」は、まさにこの緑の党の思想を、メルケル首相が忠実に実行したとも言える。

メルケル氏の理想は「緑の党」と同じ⁉

では、メルケル首相は、なぜ難民に国境を開いたのか？　大量の難民が殺到し、国内が混乱しはじめたときも、メルケル首相は難民施設を訪れ、難民の男性の自撮り写真に仲良くツーショットで収まっていた。

当時、難民の数の上限を決めるべきだという意見は根強かったが、メルケル首相は、「上限を決めたら、それを超えた一人目は追い返すのか？　そんな国は私の国ではない」と退けた。ＥＵでいちばん強い人間が、人道という葵の御紋を掲げつつ国民情緒に訴えたのだから、もう反論できる者はいなかった。そして、ドイツの主要メディアがそれらを美談として世界中に広めた。ドイツのメディアは緑の党のシンパがとても多い。だから報道は自ずと難民万歳となる。

しかし、メルケル首相のこの「難民ようこそ政策」の背景には、人道以外にどのような動機があったのか。

当時、政府は盛んに、「良い技術者の確保」、「少子化対策」などを挙げて、難民は〝ドイツのチャンス〟であると宣伝していた。それどころか産業界は、「良い技術者」だけでなく、「安い労働力」にも大いに期待した。つまり、難民は、母国が平和になったら戻っていく人々ではなく、最初から移民として認識されていたわけだ。

一方、怒涛のように押し寄せる難民に四苦八苦する自治体をよそに、住宅建設など難民ケアにつながる業種は特需景気に沸いた。スマホも飛ぶように売れた。しかも、ドイツではあらゆる業種で人が足りない。つまり、産業界からのさまざまな期待が、メルケル首相の背中を強く押していたことは間違いない。

そして、これによりメルケル氏には、世界中から賞賛と信望が寄せられた。氏の名声はおそらく、戦後ドイツ史の中で、「人道の首相」として永遠に名を残すことになる。当時、メルケル氏が、それを意識していないはずはなかった。

しかし、私はどうしても、もう一つの疑問を打ち消すことができない。それは何かといえば、メルケル首相の頭の中には、実は、緑の党と同じ思想が宿っているのではないかという疑問だ。彼女の心の奥深くにある理想の世界が、国境が消え、あらゆる民族が混在し、ドイツという国も消滅した、ひたすらグローバルな世界なのだとしたら、彼女の行動の謎はすっきりと解ける。

ドイツの保守中道の首相が、緑の党と心を通じ合わせているという推測は突拍子もなく聞こえるが、二〇〇五年に氏が政権を握ってからの政策は、最初のうちこそ、それまでの保守を踏襲していたが、まもなく方向が変わっている。難民政策、移民導入、脱原発、同性婚の合法化、兵役の停止と、どれを見ても、SPDなどすっ飛ばして、緑の党の掲げてきた政策そのものだ。

緑の党というのは、今ではエコロジー党のような顔をしているが、結党当時のメンバーには、暴力も辞さない過激な元左翼も含まれていた。七〇年代後半には、ドイツ赤軍による激しいテロで、ドイツの国内がかなり揺れた時期があったが、そのときの活動家たちの一部も、のちの緑の党に流れている。今でも実は、一皮むけば過激なニューレフトの思想を色濃く引き継ぐかなりの左翼だ。

ここ数年、CDUの左傾化ははなはだしく、それに抵抗する党内の保守勢力が、ヴェアテ・ウニオン（WerteUnion）というグループを作り、メルケル政治に対する反乱を起こしているほどだ。ヴェアテ・ウニオンの存在を党は認めていないが、実際には目の上のたんこぶ以上の存在で、その中の中心人物の党籍剥奪まで検討しているらしい。その中心人物が、前述のマーセン氏。メルケル首相の難民政策を批判したため、前年クビになった憲法擁護庁の長官である。なお、ヴェアテ・ウニオンは、現在、めきめき賛同者を増やしている。

大手紙『ヴェルト』の主筆アンスガー・グラウは、近年、ドイツを事実上統治してきたのは緑の党だと言っており、次期の首相は、緑の党と見る。同紙の編集長ウルフ・ポシャルトによれば、それも、男性のロベルト・ハーベック氏ではなく、女性のアナレーナ・ベアボック氏ではないかと予想している（現在、緑の党はこの二人が党代表を務める）。私は、本当に緑の党の首相が出現するならば、ハーベック氏だと思うが、その理由は彼のカリスマ性だ。気候温暖化防止のための彼の主張は、「惑星」が破壊されてしまうという危機感と同時に、そんな罪を犯した人間の罪をひたすら煽る。そこから得られる政策は、車に乗るな、飛行機に乗るな、肉は食べるなという禁欲的なものだが、それに多くのドイツ人が魅せられている。緑の党の掲げる世界観は、国境がなく、世界中の国の人たちが仲良く暮らせる理想郷だ。

移民法がドイツで通過

二〇一九年六月七日、ドイツの連邦議会では、移民に関するひとかたまりの法案の採決が行われた。四章で触れた国連の「移民コンパクト」の採択のあと、ドイツ政府が議会に提出していた「改正移民法案」だ。採決の前の与野党の応酬は、激しいヤジの伴う感情的な激論となったが、結局、与党の思惑どおり法案は可決された。

法律の主な中身は、難民申請の却下された難民志願者を速やかに母国に送還するための新法の制定。現在、本来ならドイツを出国しなければならないのに、何らかの理由で留まっている難民を、この新法により、速やかに送還できるようになるという。しかし、本当の効果のほどは、蓋を開けて見なくては分からない。

一方、労働移民に関しては、これまでより規則が緩和され、外国人の誘致、雇用が、いわば国を挙げて進んでいくことになる。つまり、三章で記したように、難民資格が取れないまま何らかの理由でドイツに留まっている人たちも、能力さえあれば正式な移民としてドイツで働けるようになる。彼らが、違法な方法でドイツに入国していたとなれば（大抵は違法）、これは法律的に大きな矛盾だが、そこらへんはほとんど議論されなかった。

時を同じくして、デンマークで総選挙が行われ、その結果、社民党が第一党に踊り出し、社民党の新しい内閣が成立した。ＥＵのほぼあらゆるところで、社民党が没落しているのに、なぜデンマークで躍進したかといえば、その理由は、非常にシンプルだ。社会党が従来の方針を捨て、難民政策について極めて厳しい公約を提示したからだ。

デンマークの方向転換

デンマークの移民政策は、すでに八〇年代より、ヨーロッパの中でも最高にリベラルなものとして知られていた。その後、イスラム移民による問題が増すにつれ、少しずつ厳しくはなったものの、どの政党も、決定的な変革には尻込みした。それが急激に変わりはじめたのは、メルケル首相が国境を開いたあとだ。

デンマークは、ドイツから鉄道で入れる。毎日、国境を超えて通勤している人たちもいる。ＥＵ加盟国なので、シェンゲン協定により、本来なら国境での審査はない。ところがデンマークは、二〇一五年九月以降、国境での審査を再開し、今も頑としてそれを続けている。ドイツから、難民や、ひいてはテロリストが流れてくるのを、非常に警戒しているからだ。

社会党は伝統的に、移民導入賛成の方針をとっていたが、新首相メッテ・フレデリクセンは、この度の公約で、外国人政策の根本的な方向転換を明言した。そして、それが国民の琴線に触れ、彼女は首相となった。

方向転換の中身は、「外国人政策は右翼とともに、そして、経済政策は左翼とともに」というもの。ドイツの政治家なら目を剥く。「極右政党の政策と同じではないか！」と非難されることを恐れて、誰も言い出せないことだ。案の定、左派の大手紙である南ドイツ新聞は、「左翼が右翼になるならば」というタイトルの記事でフレデリクセン氏を批判した。

ただ、フレデリクセン氏のやり方で票が取れることが分かった今、これは一種の成功モデルとして、ドイツのSPDばかりか、おそらくCDUも、喉から手が出るほど真似をしたい作戦のはずだ。ただ、ドイツの政治家はモラルからの逸脱を何よりも恐れるので、おいそれとは追随できない。かなりのジレンマだろう。

ただ、前述の移民法も、そういう意味ではやはりすでに玉虫色で、人権と秩序を強調しているものの、本当の目的は、（失格者も含めた）難民の労働力の効率的利用、そして、EU以外からの安い外国人労働力の導入推進であることは間違いない。人道を基調とした理想の難民政策は、シロアリに食われたように、内部から腐りかけている。

EUで引き起こされた地殻変動

いずれにしても、EUでは難民のせいで、あちこちで地殻変動が起こっている。かつて

ＥＵが誕生したとき、それから二十年経って、ユーロ危機が起こり、難民が押し寄せ、イギリスがＥＵから抜けると言い出し、そして、東欧や南欧をはじめ、あらゆるところで反ＥＵの機運が高まり、さらに、ヨーロッパ中の人々が、無差別テロにおびえるなどという事態が起こることを、いったい誰が想像しただろう。

今も、ＥＵを仕切っているリーダーたちは、ＥＵこそが民主主義の体現であると主張してやまず、口を開けば「民主主義」と念仏のように唱える。しかし、これは見方によれば、ＥＵが数知れない亀裂でボロボロになってきている証拠ともいえる。「民主主義」という言葉は、今や、ＥＵの矛盾に目くらましをかける免罪符になりつつある。美しい理念だけではやっていけないという見本が、現在のＥＵだ。

そのＥＵへの難民の流入は、まだまだ止まりそうにない。ひょっとすると、もう止まらない可能性もある。

数年前、ある科学雑誌で、世界の人間が全部混血したら、どのような姿の人間が出来上がるかという記事があり、その新人種の想像図が出ていた。この調子で行くと、百年後ぐらいのＥＵでは、そういう新人種が闊歩している可能性は結構高いかもしれない。

第八章

日本が
移民大国になる日

移民受け入れのスタートを切った日本

二〇一九年四月、ドイツの「改正移民法」とほぼ時を同じくして、日本でも入国管理法が改正された。安倍晋三首相は「いわゆる移民政策をとることは考えていない」とするが、長い目で見れば、これは、日本が移民受け入れ国の仲間入りをしたということにほかならない。

世界全体を見ても、現在、自由主義をとる先進国において優勢なのはリベラル勢力で、彼らは、外国人をたくさん入れることは有意義、かつ人道的であるという理論で、その受け入れを積極的に進めている。人間が国境を越えて自由に大量に往来するようになると、必然的に、国家という概念が弱まる。ドイツが進もうとしているのは、まさにその方向だ。安倍首相が、それと同じく、国家の概念を弱める方向を目指しているかどうかは分からないが、少なくとも、外国人受け入れを前向きに捉えていることだけは確かだろう。

前向きに捉える理由はたくさんある。その中でいちばん大きいのが、「子供が生まれない」と「人手が足りない」という、いわば同根の事情だ。子供が生まれないので、生産年齢人口（十五〜六十四歳）が減った。これは日本やドイツはもちろん、多くの先進国の共通の悩みといえる。

では、日本ではいったい、どれほどの人手不足なのだろう。

まず、人口が減っている状況を見てみると、二〇一八年の日本の総人口は一億二六四四万三〇〇〇人。そのうち日本人が一億二四二一万八〇〇〇人だが、どちらも八年連続で減少している。それに比べて、外国人の人口は二〇一七年の二〇五万八〇〇〇人から、二〇一八年の二二二万五〇〇〇人に増えた。しかも、四年連続の増加だ。すでに今でも、外国人が日本の人口減少を少し食い止めてくれている。

このままでは産業構造が維持できない

出生の数を見れば、将来の人口動勢はかなり正確に予測できる。単に人口が減るだけなら、経済の規模をそれに見合うように縮小するという対策も可能だが、日本の場合、そして、ドイツの場合も、高齢者の人口が増えて、生産年齢人口が減る。つまり、これまでの産業構造がそのままでは成り立たなくなっていく。

厚生労働省の「国立社会保障・人口問題研究所」の推計によれば、生産年齢人口は、二〇一三年は八〇〇〇万人弱だったが、二〇一八年は七四八四万四〇〇〇人と、前年比で二八万人近く減少。そして、二〇二七年には七〇〇〇万人を切り、二〇五一年には五〇〇〇万人も切ると見られる。一方、増えていくとみられる外国人は、高齢者や子供ではなく、多くが生産年齢の人たちのはずなので、ここでも、外国人が日本の人手不足をカバーしてくれることになる。ただ、それが続けば、彼らがしだいに労働市場での主勢力となっていく可能性も否めない。

完全失業率は、二〇一八年では二・四パーセントと非常に低い。この数字は、景気が絶好調であったバブル期と同じレベルだそうだ。当然、有効求人倍率（一人の求職者に対し、何人分の求人があるかを示す指標）も上がっていて、二〇一八年は一・六一倍。これは、職を探している人一〇〇人に対して、一六一もの求人が殺到しているという意味だ。人手不足は確実に進行している。

求人難による倒産というのも増えてきた。いくら注文が来ても、人手不足のために受注できず、倒産するという悲劇だ。大企業なら、ロボット導入に投資したり、ＡＩによる事務の合理化を図ったりして、求人難を生産性の向上に置き換えることもできるが、中小企業ではその資金もなく、結局、業績が悪化し、倒産の憂き目をみる。これは、ドイツでも問題になっている。

現在、日本でいちばん深刻な人手不足が起こっているのは、飲食業、宿泊業、建設業などだ。そして、特にこれから人手不足が深刻になると見られているのが、医療、福祉、そして運輸業。宿泊業、建設業は、オリンピックの影響などもあるだろうから、それが終われば需要は緩和される可能性があるが、医療、介護、福祉はそうはいかない。これらの業種は、高齢者が増えれば増えるほど深刻さが増していく。

　また、やはり高齢化の影響で需要が増えると思われるのが宅配なので、運輸業には今以上に負担がかかる。このままでは、近い将来、今と同じきめ細かな水準で宅配を展開することは、おそらく難しくなるだろう。

他人事でないドイツの人口問題

　二〇一九年六月、在ミュンヘンの有名な経済研究所であるｉｆｏが、ショッキングなデータを公開した。それによれば、現在、旧東独地域の人口が、一九〇五年の水準にまで落ち込んでいるという。

　東から西への急激な人口の移動は、過去において二度起こっている。一度目は、一九四九年に東ドイツ政府が成立したため、自由がなくなることを恐れた東独市民が大量に西ドイツへ移住した際。当時、彼らが通り道としたのが、東西ドイツを簡単に行き来できたベルリンだったので、それを阻止するために、一九六一年、東独政府がベルリンに壁を作った。

　このあと一九九〇年の統一までに、東独の人口は約六万五〇〇〇人減った。それに比べて西独の人口は約六一万人も増えている。この違いは、外国人の有無だ。

西ではすでに一九五〇年代から恒常的に外国人労働者が入り、その労働力で奇跡の経済発展が実現した。一方、東独では、同じ社会主義国のベトナムなどから外国人は入っていたが、彼らはあくまでも労働者で、市民とは隔離されていた。西ドイツのように、外国人労働者がいつしか家族を呼び寄せ、しだいに市民権を得るというプロセスは起こらなかった。つまり、東ドイツの外国人労働者は、人口の増加にはつながらなかった。

一九九〇年の統一のあとは、再び、堰《せき》を切ったように、東から西への人口の移動が起きた。東西ドイツの統一というのは、行政上は比較的スムーズに行われたが、真の統合という意味では、いまだに困難を引きずっている。統一からすでに三十年が経とうとしている今も、旧東独の人口流出は止まず、二〇〇一年から二〇一八年までのあいだに、二〇〇万人も減った。同じあいだに旧西独地域では五〇〇万人が増えた。

そのために何が起こっているかということは、想像に難くない。旧東独地域の、特に田舎が壊滅の危機に瀕している。店舗も学校も閉鎖され、医者も、農地を耕す人もおらず、いるのは高齢者ばかり。自治体が疲弊すれば、住民はしだいに、普通に生活していくことさえも難しくなる。

ちなみにこの状況は、日本のそれとあまりにも酷似していないか？　日本も、田舎ではすでに空き家が急増している。また、かつて地方で起こった鉄道の路線の廃止やダイヤの縮小は、これからじわじわと都会にも広がっていくだろう。こうなると、日本はどんどん住みにくくなるだけではない。人間らしい生活を営むための基盤ともいえる公共サービスや医療といったものも劣化し、当たり前だと思っていることが、徐々に機能しなくなる。

宅配便が指定した日に来なくなるぐらいなら我慢すればいいが、急病人が出ても救急車が来ず、火事になっても消防車も来ず、泥棒が入っても警察が来ないとなれば、どうするのか？　それを機能させるために、現場の人々が休みもろくに取らずに働かなければならないとしたら、それは、私たちが求めている社会といえるだろうか。そうでなくても、生産年齢の人たちには、すでにじゅうぶん負担がかかっている。

日本の医療の危機的状況

医療の世界でも、危機的状況はすでに始まっている。二〇一八年十一月、『老後の誤算日本とドイツ』（草思社）を上梓したが、日独両国を比べてみると、やはり、より厳しいのは日本のようだ。

たとえば、医療関係者の数だが、ドイツでは人口千人当たりの医師の数は四・二人だが、日本は二・四人で、ドイツの六割以下。介護従事者の数にもかなりの差があり、やはり人口千人当たりで比べると、ドイツの十三人に対して、日本は十・五人だ。この数字は、ドイツでも問題になっているが、日本はさらにそれに輪をかけてひどい状態だ。つまり日本では、今でもすでに長時間労働などといった形で、そのしわ寄せが医療関係者の肩にのしかかっている。なのに、これからは、介護を必要とする高齢者がさらに増え、それに伴って高齢者の疾病も増えていく。

旧東独と同じ道を進みたくなければ、日本もどうにかして労働人口を増やさなければならない。つまり、政府が移民政策に舵を切ろうとしているのは、ある意味、当然だと思う。しかし、一方で、外国人の大々的な導入に二の足を踏む理由も、もちろん、たくさんある。それは本書でも随所で触れたが、犯罪、テロ、そして文化や伝統が壊れていく問題などだ。

老人社会は人手を食う社会でもある

二〇一八年末に、『西洋の自死』という大著が出た（原書の題は〝The Strange Death of Europa〟）イギリス人、ダグラス・マレーのヨーロッパの移民ルポだ。なぜヨーロッパの多くの国が、難民や移民を受け入れたのか。外国人に絡む数多《あまた》の問題から抜け出せなくなったのはなぜか。いつから抜け出せなくなってしまったのか。そして、外国人受け入れの弊害がここまで大きくなった今も、なぜ、それについての懸念を遠慮がちにしか表明できないのかというようなことが取り上げられている。これほど弊害があるなら、外国人など絶対に入れるべきではないと思える内容だ。しかも、ここに書かれていることが扇動でも嘘でもないということは、ドイツに長く住む私がいちばんよく承知している。

だからこそ、たとえ人手不足であっても、外国人など絶対に入れてはダメだという意見が出てくる。「人が足りなければ、どんどん自動化を進めろ」、「AIを導入しろ」、「戦後の人手不足も、日本は機械化で乗り切った！」など。

しかし、そうだろうか？　当時できたことが、今でもできるのだろうか。私たちが突入しようとしているのは、未曾有の高齢社会なのではないか？

そもそも、老人が増えれば増えるほど、あらゆる自動化は困難になる。すでに銀行では、暗証番号を忘れてしまった人たちの対応に本腰を入れ始めているというし、電車の駅でも、車椅子の老人が増えれば、それを介助する人員も増やさなければならない。スマホで老人が決済できるか？　タクシーを呼べるか？　老人社会とは、人手を食う社会でもある。

また、「国内で眠っている労働力を掘り起こせ」というのも、よく聞く人手不足の解決法だ。たとえば、引きこもりの活用。

今年の三月に内閣府が発表したところによれば、十五～三十九歳の引きこもりの数は、推計五四・一万人。それに加えて四十～六十四歳の引きこもりが六一・三万人もいる。これらの人々を労働市場に連れ戻せれば、もちろん言うことはない。しかしながら、彼らはおそらく、自分でも何度も社会に出ることを試みて、失敗して、その挙げ句、心が折れて引きこもってしまった人たちなのだ。学校に行きたがらない子供を登校させるだけでも至難の技なのに、そんな大人をはたして家から引っ張り出せるのか。

また、たとえそれが成功しても、彼らが無事に社会復帰し、雇用者側が満足できる労働力となる保証はまったくない。おそらくその前には、本人にとっても、周りの人たちにとっても気の長いプロセスが続く。まさかそんな苦労を巷《ちまた》の雇用者に押し付けるわけにもいかない。はっきり言って、引きこもりの人たちの社会復帰は、雇用者ではなく、福祉か医療の仕事だ。いずれにしても私は、引きこもりの人たちの労働力の活用は、まずは採算度外視でなければ難しいと考える。

一方、眠っている労働力の中で、受け入れ体制さえうまく整えば効率的に活用できそうなのが、子供を産んで家庭に入っている女性だ。子育てにも時間を取れるのであれば、仕事を続けたいという女性は多くいるはずだ。

ただ、そのためには、託児所を増やすなどということだけでなく、子供が小さいあいだはフルタイムの五割、六割といった短縮労働ポストをフェアな条件で提供するとか、定時に遠慮せずに帰れる職場の雰囲気作りなど、きめ細かい配慮が必要となる。

フランスは出産後の女性の雇用を政府が徹底して進めたので、女性の就業率が高く、しかも、出生率が上がった。ただ、当然、労働効率という観点から見れば、子育て中の女性は、そうでない人たちよりも効率が悪い。そしてフランスでは、その「非効率」による損失が雇用者に押し付けられたため、産業界が息切れするという問題が起こった。日本が子育て中の女性を労働力として活用するつもりなら、そのためのコストは雇用者ではなく、全面的に公費で補助することを考えるべきだろう。そうでなくては、結局は機能しない。

移民を入れないという選択肢はあるのか

労働人口が減り、年金生活者が増えれば、いくら合理化や改革で補ったとしても、おそらくGDPは減る。また、製品の価格も上がり、よほどの工夫をしない限り、国際競争力が落ちていく。そのとき、経済が冷え込み、回復の見込みもなければ、そのうちに日本の労働力が、より良い労働条件を求めて外国に流出するということさえ起こりうる。

日本は安いものを大量生産して売る国ではない。これまでもハイテクのノウハウで世界の先頭を走り、豊かになった。これからもやはり、教育に投資し、緻密な頭脳を養い、研究開発で世界に貢献し、かつ、お金を稼がなければならない。それができなければ、優良な企業から順番に、あっという間に外国資本に奪われてしまう。そう考えれば、実は私たちにはすでに、移民を入れないという選択肢は残されていないといえる。

「西洋の自死」の轍を踏まないために

ただ、外国人を入れるにあたって考えるべきは、ヨーロッパの失敗例を繰り返さないことだ。「西洋の自死」の轍を踏まないよう、できることは予防、すでに起こっていることは、一つ一つ解決していかなければならない。

まず、犯罪。これに関しては、日本は有難いことに島国なので、誰が入国し、誰が出ていくかを、水際でほぼ正確に把握できる。ほとんどが地続きのヨーロッパに比べて、格段に恵まれている。他国の諜報機関との共同作業で緻密な網を張れば、空港と港で、犯罪者だけでなく、あとでテロリストに化けそうな人間も見つけられるはずだ。そのためには、まずは日本にも、本格的な諜報機関を作る必要があるだろう。

では、すでに入ってしまっている犯罪者はどうするか？　また、刑法には引っかからなくても、生活のルールを無視して社会の秩序を乱し、円満な共同生活を破壊している外国人の存在も、すでにあちこちで問題となっている。軽犯罪を軽犯罪として大目に見ているうちに収拾がつかなくなることは歴然としているのに、自治体はこの件に関してはいまだに逃げ腰だ。ドイツの役所と同じで、人種差別の嫌疑をかけられることを恐れているのだろうか。

しかし、この事なかれ主義が蔓延すると、日本の国益は何重にも脅かされる。経済的な損失もさることながら、国民の信頼で成り立っていた国家の屋台骨が崩れていく。だから、違法行為、迷惑行為は、新しい法律を作ってでも、徹底的に摘発するべきだろう。今からでも遅くない。これだけは、政治家に腹を切る覚悟でやってもらわないと、早晩「日本の自死」になってしまう。

日本は、東京や大阪というメガシティでも、平和で、安全で、清潔で、しかも人々が親切だ。こんな国は、おそらく世界中探してもどこにもない。まさに奇跡の国である。日本に、ヨーロッパのような no go area ができてしまうことなど、私は想像もしたくない。

だからこそ、将来、真の意味の「多文化共生」を成功させたいなら、最初から日本の意思をはっきり示しておかなくてはならない。要するに、日本に住むなら、日本のルールを守れということ。昔の日本人はそれを、「郷に入れば郷に従え」と言った。規則を守らない人は国外退去に処すぐらいの覚悟が必要だろう。

ただし、たとえ凶悪犯でも、「日本人」なら国外退去に処すことはできない。そういう意味でも、外国人への日本国籍の付与は、よほど慎重にしたほうがよい。日本では、今は五年在住していればたいてい帰化できるというから、ずいぶん大盤振る舞いのように感じる。

一部の外国人が抱く「反日感情」の問題

ヨーロッパで移民の統合がうまくいっていないもう一つの大きな理由は、イスラム教だ。イスラムの教えには、欧米が謳《うた》っている基本的人権とは相容れない価値観が含まれている。男女は平等ではないし、同性愛が死罪だったりする。そして、よりによって、そのイスラム教徒が、ヨーロッパではものすごく増えた。

日本では現在、イスラム教徒の流入はそれほど多くないが、ただ、その代わりに日本で深刻なのは、在日外国人の一部が反日という〝宗教〟を刷り込まれていることだ。

それはおそらく六章で扱った中東難民のユダヤ人に対する感情と似ていて、知性でも理性でも簡単には崩せない。しかも、日本にいる反日外国人の場合、多くは、彼らの母国政府の政治的制御下にあるらしいので、なおさら始末が悪い。日本人にしてみれば、いつ爆発するか分からない爆弾を抱えているようなものである。一方、私たちが、そういう一部の反日外国人のせいで、その国の人たちをすべて十把一絡げに嫌悪するなら、それもまた、日本社会の発展にとって大きなマイナスといえる。

反日分子をうまく処すことは難しい。フランス人やオランダ人ならどんどん混血させて、自国民の中に取り込んでしまおうとするかもしれないが、日本人は混血による異民族の懐柔など不慣れなため、下手に混血すると、相手側に懐柔されかねない。

結局、私の結論は、反日を国策として行っているような国の国民には、ビザ所得を義務付け、国の入り口で監視を徹底することである。観光でお金を落としてくれるからといって、ビザを免除していると、あとで痛い目に遭う。

ビザの義務づけは、原則的に相互国が同等の条件で行うが、例外も多々ある。たとえば、EUとトルコのあいだでは、EU市民はトルコにビザなしで入れるが、トルコ人がEUに入るにはビザが必要で、しかも、取得に結構手間がかかる。トルコがEU市民をビザなしで入れている理由は、観光客を呼び込むためにほかならない。日本も、問題があると思われる国には、ビザの取得を義務付けてもよいのではないか。

日本の文化伝統はどうなる？

さて、日本の移民政策においての最大の争点は、外国人の増加による日本文化の破壊の危機をどうするかというものだ。一方に、外国人導入に積極的な人たち、あるいは、外国人の流入に異議のない人たちがいて、もう一方に、外国人を入れずに日本文化、あるいは伝統を守ろうと主張する人たちがいる。ただ、この議論は、往々にして感情的になるだけでなく、たいてい絶望的な平行線に陥る。

その第一の理由は、前者の人々は、後者の人々のいう文化や伝統に、さほどの価値を見出していないからだ。それどころか、伝統が何を意味しているかということさえ、分かっていないかもしれない。

とはいえ、彼らにしても、日本の物に価値がないと思っているわけではけっしてない。たとえば彼らの日本文化のカタログには、アニメやら寿司やら和服やらコンピューターゲームといった具体的なものが揃っており、今では「ラーメン」までがそれに加わっている。そして、それらを彼らなりに誇りに思い、多くの外国人と共有し、グローバルな仲間意識を培っている。

彼らにとっての日本文化は、昔からあった「日本独自の伝統」ではなく、皆で作っていくものだ。それは過去ではなく、未来に存在する。だから、外国人に潰されないように「守ろう」という気持ちが理解できない。

そういう考えに対峙すると、日本の（あるいはドイツの）昔ながらの伝統や文化を守ろうという人たちは、とても弱い。そもそも伝統や文化とは何かを説明しようとすればするほど、観念的すぎて、分かりにくくなる。相撲や歌舞伎など、スポーツや芸術なら目に見えるが、伝統や文化を育みながら生きている普通の日本人というイメージはかなり曖昧だ。

そのうえ、実際問題として、何が日本的であるかというと、それも分かりにくい。そもそも、いったいどれだけの日本人が、暮れにお節料理を作り、お正月に背筋を正して新年を祝い、お彼岸にお墓参りに行くだろう。若者だけでなく、すでに後期高齢期に差し掛かっている団塊の世代の人々の多くも、自分たちの親のしてきた四季の行事さえ省略して生きてきた。もし、それが伝統だとしたら、伝統はすでに壊れつつある。これをまさか外国人のせいにするわけにはいかない。

いや、伝統や文化を壊すという考え方自体がそもそも間違っているのかもしれない。それらは時の流れとともに自然にその形を変えていく。その証拠に、日本では、国技の相撲に外国の力士がおり、片やドイツでは、ドイツ人男性だけしかいなかったはずのベルリンフィルの半分が外国人になってしまった。もちろん女性もいる。

ベルリンフィルというのは、「ドイツらしい響き」を奏でるオーケストラとして伝説的な存在だった。だから今、ベルリンフィルに外国人の団員が多いという話を日本ですると、ドイツ的な響きが失われてしまったかと心配する人がいる。ところが、日本人の音楽家がベルリンフィルで演奏していることを知ると、たいていの日本人は誇りに思う。その日本人がドイツの響きを壊しているなどとは考えない。

では、ドイツ的な響きとは何かというと、正確な定義などもちろんない。外国人が半分混ざったベルリンフィルがドイツ的でないかというと、それも違う。今のベルリンフィルの響きが、今のドイツの響きなのだ。

さらに言うなら、ベルリンフィルの首席指揮者は、オーストリア人のカラヤンのあとは、イタリア人のアバド、イギリス人のラトル、そして今シーズンからはロシア人のペトレンコだ。これでは、何がドイツ的であるかさえよく分からない。

それでも私は、日本には、日本人らしい考え方があることは否定しない。外国に住むとよく分かるが、日本人は心根がとても優しい。外国人を差別する気持ちが、まるでないとは言わないが、ヨーロッパ人に比べると、ものすごく少ないとも感じる。簡単に言うなら、私たちは外国人に対して、上から目線ではない。

西洋にできなくても日本はできる

移民の統合の問題に話を戻せば、私は、日本では、ヨーロッパで起こっているような、移民の心の中に不満や憎悪が蓄積して、それがいつか大爆発するというような危うい事態は、努力すれば防げるのではないかという望みを抱いている。現在欧米が抱える移民の問題は、元を正せば、かつての植民地支配や、奴隷制度、さらに遡るなら、十字軍に対するアフリカ人やアラブ人の報復のような気がしてならない。

たとえば、過去の日本には、「人さらい」や「人買い」はいたかもしれないが（「誘拐」や「人身売買」といった犯罪は、人間社会がある限り、おそらく完全にはなくならない）、公式な奴隷制度などなかった。それが、欧米と日本の決定的な違いだ。

欧米には奴隷が「合法」だった時代が長らく続いた。アフリカ大陸からアメリカへ連れて行かれた黒人奴隷の話だけではない。西欧には、東欧のスラブ系の白人の、主に女性たちを、奴隷としてオリエントに輸出していた時代が、八世紀から延々と続いた。絹、香料、宝石など、オリエントの贅沢品を買うのに、貧しい西洋には輸出するものがなかったため、異教徒だったスラブ人を狩り立て、支払い手段として使った。ちなみに、「スレイブ（奴隷）」という言葉は「スラブ人」からきている。今ではヨーロッパの歴史の教科書から抹殺されている話だ。

そのあと、十五世紀ごろより、列強となったヨーロッパの国々がアフリカやアジアに植民地を作り、やはりそこの住民を家畜のように扱った。奴隷制は近代まで連綿と続いた。

人間を人間扱いせず、生殺与奪の権を奪い、商品のように売買することは、常識で考えれば犯罪である。ところが彼らは詭弁を弄してそれを「犯罪ではない」と定義づけ、誰の良心も痛まないようにした。奴隷に焼き印が押してあっても、奴隷は家畜と同じなので、それも普通のことだと思うようにした。

奴隷貿易をイギリス政府が禁止したのは一八三三年のことで、このとき、二〇〇〇万ポンドもの賠償金が支払われた。誰に支払われたかというと、奴隷制廃止のせいで不利益を被った奴隷のオーナーたちにであった。

それから現在まで二〇〇年足らず。今でも、ヨーロッパの人々の頭の中にある平等の観念は、日本人の頭の中にあるそれとは、根本的に違うような気がする。彼らの頭の中には、自分たちが支配民族であった時代の原体験が残滓《ざんし》のように残っており、自ずと今でも顔を出す。それを、過去に支配されていた国から来た外国人が、感じないはずはない。

私は、昨今のヨーロッパ人が民主主義や平等という言葉を呪文のように唱え続けるのは、おそらく彼らにとっての民主主義は人工的なもので、唱え続けていなければ雲散霧消してしまうような、一種の危うさを感じているからではないかと思っている。

ところが、日本人の頭の中では、誰に教えられなくても、人間は何となく皆、平等なのだ。その概念は、「民主主義」という言葉が出来る前から自然に存在した。だから、他人をまったく違ったカテゴリーに入れることもしない。年功序列というヒエラルキーはあるが、人間としては誰もたいした差はない。他人の話を聞いて、「この人、頭、悪い」と呆れることはあっても、階級が違うとか、蔑むというのとは別だ。あのくらい頭の悪い人が、そういえばうちの親戚にもいるなぁなどと思ったりする。要するに、緩く言えば、皆、親戚で、そこが自国内でいまだに階級闘争をしているヨーロッパ人とは、決定的に違う。

そう思ってみれば、韓国人だけがいまだに反日で結束するのは、韓国が過去に、日本の植民地だったことを思えば説明がつく（中国の反日は政治的意図によるので別物）。反日というのは感情なので、日本が何度謝罪をしようが、すべての処理が法律的に解決済みであると口を酸っぱくして説明しようが、永遠になくならない。もちろん、その感情を韓国政府がさらに煽っているのは言語道断ではあるが。

メルケルが移民に忠誠心を求めた背景

「ドイツに長く住むトルコ系の人々は、わが国に対する大きな忠誠心（Loyalität）を培ってくれることを期待する」

二〇一六年八月、メルケル首相はある地方紙の取材に答えてそう言い、皆を驚かせた。「忠誠心」という言葉は、最近のドイツでは国家主義的な響きがあるとされ、あまり使われない。なのに、メルケル首相がわざわざ持ち出したのには理由があった。実は、その前月、トルコ系移民が、ケルンでエルドアン大統領支援の大集会を催したからだった。

ケルンは、お隣のデュッセルドルフと並んで、外国人の割合が非常に高い。特にトルコ人が多く、ときどきトルコから高位の政治家が来て集会を開けば、何万人ものトルコ人が集まる。そのたびに、あたりは見渡す限り一面にトルコ国旗が翻《ひるがえ》る。

ドイツにいるトルコ人は、ドイツで生まれ、ドイツで学校に行き、ドイツで仕事をし、多くの時間をドイツ人と共に過ごしている。たいていは、それほど政治的ではなく、デモに参加するわけでもない。しかも多くのトルコ人は、ここ数年、エルドアン大統領のやっていることが、非の打ち所がないなどとは思っていない。それどころか、これはちょっとまずいのではないかと感じているだろう。

にもかかわらず、ここぞというときには、彼らはトルコ人として結束する。しかもその結束は、ドイツ人のエルドアン大統領攻撃が強まれば強まるほど固くなる。興味深いことに、「祖国」への忠誠心とは、二者選択を迫られて初めて芽生えるらしい。外国にいる日本人が愛国的なのはそのせいだ。かつてプロ野球のイチロー氏も、アメリカに行って愛国者になったと語っていた。

忠誠心やら愛国心は、長く住んだ国に対して湧いてくるものでもない。四十年の移民の歴史を持つトルコ人移民でさえそうだし、ドイツに三十七年も住む私も同じだ。ドイツ語は話せるし、読み書きもできる。ドイツの法律を遵守し、子供も三人育てた。子供たちはすでに就労し、税金を払い、ドイツの社会保障の一角を担っている。私は模範的な外国人だ。

しかし、だからと言って、私がドイツ社会に本当の意味で溶け込んでいるかというと、そうとも言えない。ドイツ人の思っていること、感じ方などは、手に取るように分かるが、自分もそのように感じるかというと、それは別だ。ドイツ人とは、どんなに長く付き合い、どんなに親しくなっても、どこか一枚、絶対に越えられない壁のようなものがあると感じる。しかし、別にそれを越えたいとも思わない。その究極にあるのが、「だって、私は日本人だもの」の一言だ。ドイツに対するシンパシーはじゅうぶんにあるが、真の愛国心やら忠誠心は、おそらく死ぬまで住んでも熟成しないように思う。

つまり、移民の導入というのは、忠誠心や帰属意識が希薄な人たちを抱え込むということだ。ましてやその移民が、自分はどこか差別されていると感じれば、たちまち反抗心が芽生える。自分が経験したわけでもない過去の植民地の歴史なども思い出す。反抗心は平和時には無視できても、何かあると危険なファクターとなる。

それを発火させないためには、受け入れ側が偏見をなくすことだ。日本人はもともと外国人に対してそれほど強い偏見を持っていないので、日本はヨーロッパに比べて、外国人には暮らしやすいのではないかと思う。しかも、日本の社会は、欧米に比べて平等でもある。ドイツのニュース週刊誌『シュピーゲル』によると、ドイツのフォルクスワーゲン社の二〇一八年の重役の平均年俸は、一般の従業員のそれの九十七倍にも達したという。それに比べて日本社会は、そこまで過酷な資本主義にも陥っていない。日本人は高度なサービスを求めるが、サービス業に従事している人たちを使用人然と扱うことはしない。そこが欧米との大きな違いだ。

外国人に何を求めるかはっきり示せ

統合がうまく進まないと、外国人はいつまでたっても社会の異物として、不自然なまま存在し続ける。ヨーロッパの多くの国が、すでにそうなっているが、この事実から日本が学ぶことは多い。

日本人がまず知るべきことは、外国人労働力の導入は人道とは関係がないということだ。ましてや、進歩的なことでも、良いことでもない。その背景にあるのは、究極的には互いの利害だけである。

つまり、双方の利益が一致しなければ、うまくいかない。そのためには、もちろん、外国人側は平等な扱いを要求してくる。それに対して、受け入れ国側は、最初から、条件や限界をはっきり提示する必要がある。遠慮をしたり、曖昧にしておくと、将来、絶対に破綻する。

ドイツでは、何十年ものあいだ、外国人を安い労働力として利用し、どこか蔑みつつ、一方では、腫れ物に触るように扱うという歪んだ接し方をしてきた。だからこそ、今になってその後遺症が出ている。また、他のヨーロッパ諸国でも、「西洋の自死」のマレーの見方が正しいなら、やはり植民地時代の罪悪感が、外国人に対する態度を歪めてしまったということになる。

我々はその過ちを繰り返さないためにも、最初から「郷に入れば郷に従え」を堂々と伝えるべきだ。人数の制限は、のちの自然増加を見越して、少なめにしておいたほうがよい。別に、外国人を好きになる必要はない。遠慮する必要も、仲間になる必要もない。まずは、労働条件を整え、あとは、私たちが昔から互いにそうしてきたように、隣人として付かず離れず、粛々と接すればよいだろう。

また、ドイツのように、何が何でも外国人を統合しようとせず、できれば、外国人が自分たちのコミュニティーで、自分たちの言語や文化を育むことを認めたほうがよいように思う。それが日本社会から逸脱した存在になると困るが、そうではなく、彼らが二つの言語を使い、二つの異なった文化のあいだにちゃんとパイプを作れるなら、それこそが真の意味の多文化共生になる可能性がある。

結局、誰が何を思おうが、すでに日本社会は外国人なしではやっていけない。コンビニや居酒屋でアルバイトをしている外国人の若者を見ると、知らない国で、外国語で、高くもない給料で、よく頑張っているなと頭が下がることも多い。また、私たちが外国人など入っていないと思っている業種にも、目に触れないところで、すでに多くの外国人が働いている。彼らは私たちの生活を壊すためにいるのではない。私たちがこれまでどおりに暮すために、私たち自身が彼らを必要としているのだという現実を認識すべきだろう。

ヨーロッパの多くの国では、移民政策は失敗した。これから帳尻を合わせようにも、あまりにも長いあいだ放置しすぎたために、一筋縄ではいかない。もし、これをうまくやれる国があるとすれば、世界中で、日本しかないと思う。

日本人が自分たちの立ち位置をはっきりとさせ、そのうえで外国人とフェアな関係を築き、さらに、自分たちの力で伝統や文化を継承していくつもりなら、日本という国の屋台骨は、そんな簡単に脅かされることはないと、私は固く信じている。

◆著者プロフィール
川口マーン惠美（かわぐち・まーん・えみ）

作家（ドイツ在住）。日本大学芸術学部卒業後、渡独。シュトゥットガルト国立音楽大学大学院ピアノ科修了。ヨーロッパの政治・文化・経済を、生活者として鋭い感性で分析。著書に、ベストセラーとなった『住んでみたドイツ 8勝2敗で日本の勝ち』（講談社＋α新書）、『証言・フルトヴェングラーかカラヤンか』（新潮社選書）、『ヨーロッパから民主主義が消える』（PHP新書）、『そしてドイツは理想を見失った』（角川新書）、『老後の誤算 日本とドイツ』（草思社）、など多数。2016年に『ドイツの脱原発がよくわかる本』（草思社）が第36回エネルギーフォーラム賞・普及啓発賞受賞、2018年に『復興の日本人論 誰も書かなかった福島』（弊社刊）が第38回の同賞特別賞を受賞。ウェブマガジン『現代ビジネス』（講談社）にて「シュトゥットガルト通信」を連載中。

世界一安全で親切な国日本がEUの轍を踏まないために
移民 難民　ドイツ・ヨーロッパの現実
2011-2019

2019年11月22日　初版発行
2023年11月30日　2刷発行

著者　川口マーン惠美

装幀　長坂勇司（nagasaka design）
DTP　原沢もも
編集　良本和惠

発行人　良本光明
発行所　株式会社グッドブックス
〒103-0023　東京都中央区日本橋本町2-3-6　協同ビル602
電話03-6262-5422　FAX03-6262-5423
https://good-books.co.jp/

印刷・製本　精文堂印刷株式会社

ISBN978-4-907461-23-2